Hans-Joachim Maaz

Der Lilith-Komplex

Hans-Joachim Maaz

Der Lilith-Komplex

Die dunklen Seiten
der Mütterlichkeit

Verlag C.H. Beck

Zweite Auflage · 2003
© Verlag C. H. Beck oHG, München 2003
Umschlaggestaltung: Fritz Lüdtke, Atelier 59, München
Umschlagbild: © photonica/Alexa Garbarino
Satz: Fotosatz Janß, Pfungstadt
Druck und Bindung: Friedrich Pustet KG, Regensburg
Gedruckt auf säurefreiem, alterungsbeständigem Papier
(hergestellt aus chlorfrei gebleichtem Zellstoff)
Printed in Germany
ISBN 3 406 49335 1

www.beck.de

Inhalt

I. Einführung

Verschiedene Erfahrungen meines Lebens haben mich in den letzten zehn Jahren zu einem zentralen Thema geführt, das mir Probleme meines eigenen Lebens, notwendig gewordene Veränderungen psychotherapeutischer Praxis und wichtige Ursachen und Zusammenhänge sozialer Konflikte und gesellschaftlicher Pathologie unversehens verständlich gemacht hat: Es sind dies die Störungen der Mütterlichkeit in unserer Kultur, in der ich wesentliche psychosoziale Wurzeln für individuelle, familiäre und gesellschaftliche Konflikte erkenne.

Ich möchte deshalb mit diesem Buch darauf aufmerksam machen, wie sehr gute mütterliche Werte in unserer Gesellschaft fehlen und eine falsche und verlogene Mütterlichkeit dominiert. In diesem Zusammenhang will ich die wesentlichen mütterlichen Eigenschaften und Fähigkeiten – «gebären», «nähren», «gewähren», «beschützen» – sowohl in ihrem individuellen Wert für das Kind als auch in ihrer symbolischen Bedeutung für das soziale Zusammenleben hervorheben.

Dabei stehen die Bedürfnisse des Kindes im Mittelpunkt meiner Perspektive. Ich will deutlich machen, was ein Kind für seine psychosoziale Entwicklung braucht und welche schwerwiegenden Folgen Beziehungsdefizite, mangelhafte Befriedigung und seelische Verletzungen in der individuellen Frühgeschichte für das ganze Leben eines Menschen haben können. Und wenn viele Kinder davon betroffen sind, weil geltende Erziehungsstile, gesellschaftliche Verhältnisse und kulturelle Normen «frühe Störungen» zum Massenproblem machen, dann lassen sich auch bedeutende Zusammenhänge zwischen individueller Lebensgeschichte und gesellschaftlicher Fehlentwicklung zeigen.

Wesentliche Erkenntnisse verdanke ich dabei meinen Patienten, die unter vertiefenden therapeutischen Angeboten bereit sind, sich Erfahrungen aus ihrer frühesten Lebensgeschichte zu stellen.* Das wird von ihnen sehr häufig als lebensbedrohlich erlebt und soll deshalb in aller Regel lieber vermieden werden. Wenn ein Kind nicht wirklich gewollt war, kaum liebende Zuwendung erfahren hat und wesentliche Bedürfnisse nicht befriedigt worden sind, dann hat es sehr traumatische Lebenserfahrungen durchgemacht, die nachhaltig negative Folgen für seine Entwicklung und die Entfaltung seiner Persönlichkeit haben. Diese Erkenntnis wird dadurch erschwert, daß sich psychosoziale Traumatisierungen sehr oft nicht auf bedrückende Einzelereignisse zurückführen lassen, sondern Eltern-Kind-Verhältnisse betreffen, in denen seelische Verletzungen und soziale Mangelerfahrungen nach außen nicht unbedingt erkennbar werden müssen, ja sich auch dem Verständnis der Eltern durchaus entziehen können. Genau darin liegt die verhängnisvolle Tragik: Eltern können redlich bemüht sein, «ihr Bestes zu tun», und handeln – da sie es nicht anders wissen – im *mainstream* des Zeitgeistes, denn sie entwickeln kein Gefühl dafür, wie sie die Beziehung zu ihren Kindern vernachlässigen, sie emotional unterdrücken, ihre Reaktionen nicht mehr verstehen können, ihnen aber mit ihren Erwartungen Gewalt antun.

Ich habe Tausende von geradezu ungeheuerlichen Lebensgeschichten gehört und die davon betroffenen Menschen in ihrer herzzerreißenden frühen Not und Bedürftigkeit erleben müssen und begleiten dürfen. Dabei stellt sich immer wieder die Frage nach der Schuld der Eltern. Ihre Verantwortung steht zwar prinzipiell außer Zweifel, ihre individuellen Fähigkeiten zu guter Elternschaft können aber durch

---

* Die zitierten Fallberichte beruhen auf authentischen Erfahrungen konkreter Personen. Zum Schutz der Persönlichkeit sind die Identifikationsmerkmale (Name, Alter, Beruf, Ereignisse) verändert. Mitunter sind Daten und Erlebnisse verschiedener Personen in einem Fallbericht zusammengefaßt.

die eigenen unbewußten Haltungen und Einstellungen ebenso eingeschränkt sein wie die sozialen Verhältnisse, die ihnen keinen ausreichenden Raum für ihre so wichtigen elterlichen Funktionen lassen. In der Therapie führen Wut, Haß, Enttäuschung, Schmerz und Trauer über elterliches Versagen auf den Weg der Heilung. Aber diese Auseinandersetzung betrifft die «inneren Eltern», Erfahrungen mit den Eltern also, die zu bedeutenden seelischen Inhalten geworden sind und das Leben des inzwischen erwachsenen Menschen erheblich beeinträchtigen. Therapie zielt nicht auf die Auseinandersetzung mit den realen Eltern, sondern auf die elterlichen Repräsentanzen in der Seele mit dem Ziel, mit den heutigen Eltern wieder normal und relativ unbefangen umgehen zu können.

Für die therapeutische Praxis war es wichtig, ein Verständnis und Behandlungskonzepte zu entwickeln, durch die ein nonverbaler Zugang zu unbewußten seelischen Bereichen möglich wird, so daß die präverbale Entwicklungszeit des Menschen Chancen hat, wiederbelebt zu werden und zum Ausdruck kommen zu können. Dafür mußten klassische psychoanalytische Positionen verlassen und manche ihrer Theoreme aufgegeben werden. So eröffnet der Körper einen wesentlichen Weg zum präverbalen Unbewußten, aber auch Imaginationen, Bilder und Musik, die wir zu einer multimodalen tiefenpsychologischen Therapiepraxis entwickelt haben. Auf der psychoanalytischen Couch, in einem berührungsfreien Therapeut-Patient-Verhältnis und ohne Entwicklung tiefer Gefühlsprozesse ist diese Arbeit nicht möglich. Auch wesentliche psychoanalytische Theorien, wie die Triebtheorie und der Ödipuskomplex, können im Lichte der Säuglings- und Kleinkindforschung der letzten 20 Jahre nicht mehr aufrechterhalten werden. Die Triebtheorie hat im zeitgenössischen sozialen Kontext und in den historisch tradierten Mustern familiärer Hierarchie vor allem dem Kind Verantwortung für die

Zähmung seiner sexuellen und aggressiven Strebungen zugewiesen, aber den Einfluß und die Verantwortung der Eltern an psychosozialen Fehlentwicklungen vernachlässigt und den reaktiven Charakter von Aggressivität verleugnet. In der Ödipus-Sage wird die Schuld der Eltern dargestellt, die ihr Kind dem Tode aussetzen. Dieser Mythos ist bereits von der Aussage her nicht geeignet, dem Kind eine normale entwicklungspsychologische Tendenz sexuellen Interesses am gegengeschlechtlichen und Rivalität mit dem gleichgeschlechtlichen Elternteil zu unterstellen. Alle unsere Erfahrungen in der Therapie der «Frühstörungen» weisen darauf hin, daß sexualisierte Verhältnisse mit Eltern und eifersüchtige Kämpfe mit ihnen immer Folge von Defiziten und Verletzungen basaler Lebensbedürfnisse durch die Eltern sind.

Wenn auch das hier vorgelegte Erkenntnismaterial von Psychotherapie-Patienten stammt, so darf man nicht davon ausgehen, daß es sich nur um Erfahrungen einer Minderheit handelt. Ganz im Gegenteil: Vielmehr ist anzunehmen, daß auch von Menschen, die sich keiner Therapie unterziehen, vergleichbare frühe Störungen im Sozialverhalten ausagiert werden und auf diese Weise pathologische Prägungen innerhalb der Gesellschaft (Nationalsozialismus, real existierender Sozialismus, Links- und Rechtsextremismus, Terrorismus, Fundamentalismus, Konsumismus) zustande kommen. Ich bin deshalb bemüht, Verhaltensweisen zu beschreiben, deren «Normalität» vor allem in ihrer Durchschnittlichkeit und allgemeinen Verbreitung besteht, die aber dennoch höchst abnorm sind und destruktive Folgen haben.

Mütterlichkeit im hier gemeinten Sinne zielt nicht allein auf die Aufgaben und Funktionen von Müttern, sondern auf mütterliche Werte und Normen in der Gesellschaft. Natürlich können auch Männer «mütterlich» sein, und sie sollten diese Fähigkeiten auch leben können (wie Frauen auch «Väterlichkeit»), aber vor allem geht es um mütterliche Formen in der Politik, in der Wirtschaft und in der Kultur. Dieses

Buch plädiert für mehr Mütterlichkeit, es will aufklären und informieren, will die gefährlichen Folgen von Mütterlichkeitsstörungen zeigen und Wege der Hilfe und Veränderung weisen. Es geht mir nicht um Schuldzuweisungen, weil wir alle nicht nur Opfer, sondern auch als Täter Betroffene sind, aber wir müssen unsere Verantwortung übernehmen für die eigenen Mütterlichkeitsstörungen und ihre sozialen Auswirkungen.

In «Lilith» (Brandwein-Stürmer 2000; Hurwitz 1998; Koltur 1994; Pielow 1998; Zingsem 1999) habe ich einen in der christlichen Welt tabuisierten Mythos gefunden, der die weitverbreiteten Störungen der Mütterlichkeit auch aus ihrem kulturhistorischen Hintergrund erklären kann und verstehen läßt. Die psychosozialen Folgen der verleugneten «Lilith» für den einzelnen und die Gesellschaft beschreibe ich im Lilith-Komplex.

II. Der Lilith-Komplex

1. Lilith – das tabuisierte Weibliche

Welche Ursachen hat ein Mangel an Mütterlichkeit, und warum ist dieses Thema ideologisch so belastet oder wird tabuisiert, erhitzt sofort die Gemüter und wird als konfliktbeladenes Problem verleugnet?

Die Christen haben «Mütterlichkeit» mit dem Marienbild in metaphysische Höhen entrückt, die Nazis haben Mutterschaft in verbrecherischer Weise mißbraucht, Teile der Frauenemanzipation haben das Mütterliche abgewertet und zu einer «konservativ-reaktionären» Einstellung gestempelt. Die Mehrheit der Menschen pflegt dagegen ein idealisiertes, unkritisches Mutterbild.

Wir müssen davon ausgehen, daß jeder einzelne auch unbefriedigende Erfahrungen mit seiner Mutter in sich trägt, die wegen ihres existentiellen Charakters sehr nachhaltig von ihrer Wahrnehmung und Erinnerung ausgeschlossen bleiben. Jeder, der sich auf die Inhalte dieses Buches einlassen will, wird auch ängstigende und schmerzliche Erfahrungen machen, vielleicht auch nur dumpf empfinden, das hier Vorgetragene anzweifeln oder gar widerlegen wollen.

Diese persönliche Betroffenheit mag auch ein Grund sein, weshalb die mythologische Gestalt der Lilith, aus deren Schicksal sich Störungen der Mütterlichkeit hervorragend ableiten lassen, so wenig bekannt ist. Andererseits weist der jahrtausendealte Mythos auf ein zentrales und konflikthaftes Thema unserer patriarchalen Kultur hin. In der christlichen Überlieferung werden von einem Vater-Gott – nicht von einer Mutter-Göttin und nicht von einem Götter-Paar – Adam und Eva (und nicht Lilith) als die ersten Menschen geschaffen. Damit haben Elternschaft, Partnerschaft und Sexualität kein mythologisches Vorbild. Die mutterlose Erschaffung von Adam und Eva muß Folgen haben! Nach den rabbinischen Kommentaren wird aber Lilith in Berufung auf Genesis 1 als die erste Frau Adams genannt.

Nach der jüdischen Überlieferung schuf Gott Lilith, die erste Frau, genauso, wie er Adam erschaffen hatte. Adam und Lilith aber fanden partnerschaftlich nicht zusammen. Lilith war nicht bereit, sich Adam zu unterwerfen: Sie begründete ihren Anspruch auf Gleichwertigkeit, da jedes von ihnen aus gleicher Erde erschaffen worden sei. Symbolisiert wird Liliths Ebenbürtigkeit mit ihrer Weigerung, beim Sexualakt in der «Missionarsstellung» unter Adam zu liegen. Sie wollte selbst aktiv das Liebesspiel mitbestimmen und auch «oben sitzen». Die Verweigerung dieser Unterordnung hat Adam verunsichert und erzürnt; der Streit darüber endete schließlich mit der Flucht Liliths aus dem Paradies. So entstand das Urbild der Lilith als «wollüstiges Weib» und später schließlich als Schutzgöttin der Prostitution und Dämonin der Onanie, als Verführerin zur verbotenen Lust. In der Psychologie C. G. Jungs wird sie als negative Anima interpretiert. Eine Entsprechung dieses Geschlechterkonfliktes findet man auch in den muslimischen Schriften, denn es heißt sprichwörtlich: «Verflucht sei der Mann, der die Frau zum Himmel und sich selbst zur Erde macht.»

Die Talmudisten geben Lilith meist die Gestalt eines geputzten und verführerischen Weibes mit langem Haar, halb entblößten Brüsten, die Männer betört und Kinder bedroht. In Goethes «Faust» fragt während des zauberischen Treibens auf dem Blocksberg der Dr. Faust: «Wer ist denn das?» Mephisto antwortet: «Lilith ist das …, Adams erste Frau. Nimm dich in acht vor ihren schönen Haaren, vor diesem Schmuck, mit dem sie einzig prangt. Wenn sie damit den jungen Mann erlangt, so läßt sie ihn so bald nicht wieder fahren.»

* Ausführliche Quellennachweise bei D. Pielow: Lilith und ihre Schwestern, Düsseldorf 1998.

Nach der Überlieferung werden Liliths fehlende Unterwerfungsbereitschaft und ihre Flucht von Gott bestraft. Die Strafe heißt ewiges Gebären von zum Sterben verurteilten dämonischen Kindern und ein Dasein als lüsterne Verführerin und grausame Kindsmörderin, verdammt dazu, an den unwirtlichen und trostlosen Plätzen der Erde – bei den wilden Tieren – zu hausen. So wird sie zur Dämonin, die Schwangeren und Wöchnerinnen Schaden zufügen und Kinder rauben und töten kann. In vielen Sagen und Märchen wird sie verkörpert in der Urangst und der Sorge um Wöchnerinnen und Neugeborene.

Die Symbolgestalt einer kinderstehlenden Hexe und verführerischen Frau ist ein universales archetypisches Motiv. Es ist Gegenstand vieler Dichtungen, Erzählungen, Fabeln und Märchen. Im deutschen Kulturkreis ist uns allen aus den Märchen von Rapunzel oder vom Rumpelstilzchen das Thema bekannt, daß ein Kind an ein geheimnisvolles Wesen verlorengehen soll.

In der Frauenbewegung ist Lilith zum Sinnbild der rebellischen Frau geworden. Sie wird als ein positives Gegenbild zu Eva gesehen, die die Vaterherrschaft nicht akzeptiert. In der Astrologie steht sie für den «schwarzen Mond» mit einer Betonung des melancholischen und depressiven Charakters. In der heutigen Grufti-Bewegung gilt Lilith als Gemahlin und weiblicher Gegenpart des Teufels.

Für unsere christlich geprägte Zivilisation ist wohl von entscheidender Bedeutung, daß sich die Luther-Übersetzung der Bibel nicht durchweg an den hebräischen Originaltext hält (Brandwein-Stürmer). Dieser nämlich gibt einen deutlichen Hinweis, daß es sich um die zweite Erschaffung der Frau handelt: «Dieses Mal» – so Adam nach dem hebräischen Text – «Bein von meinem Beine». Auf diese Weise gibt er zu erkennen, daß es sich bei der Erschaffung Evas um einen zweiten Versuch handelt. In der Luther-Bibel heißt es dann (1. Mose 2,23): «Da sprach der Mensch: Das ist doch Bein von meinem Bein und Fleisch von meinem Fleisch,

14

man wird sie Männin nennen, weil sie vom Manne genommen ist.» Lilith – der erste Versuch wird nahezu aus der Bibel verbannt, obwohl noch bei 1. Mose 1,27 geschrieben steht: «Und Gott schuf den Menschen zu seinem Bilde, zum Bilde Gottes schuf er ihn; und schuf sie als Mann und Weib.» Lilith wird nur noch einmal – als Nachtgespenst oder Kobold bei Jesaja 34,14 – erwähnt: Sie findet einen Ort der Ruhe in jenen gottverlassenen Ländern, in denen wilde Katzen und Hyänen leben.

Als Adam nach der Flucht Liliths klagte und nicht allein bleiben wollte, erbarmte sich Gott und schuf ihm, nun aus Adams Rippe, Eva. Eva also ist symbolisch nicht zur Gleichberechtigung, sondern zur Unterwerfung bestimmt. So hätte ein ewiger patriarchaler Friede im Paradies geherrscht mit einem dominanten und einem inferioren Geschlecht, wenn nicht die Schlange – die auch in dieser Gestalt als symbolisierte Lilith gesehen wird – die Verführung und damit den Ungehorsam und Konflikt wieder in die Szene gebracht hätte.

Lilith ist eine faszinierende, zeitlose, schillernde Gestalt, geeignet, wesentliche Teile des weiblichen Unbewußten zu symbolisieren, die vor allem Aspekte der Macht, der Sexualität und der Kinderfeindlichkeit transportieren und zu allen Zeiten in patriarchalen Gesellschaften tabuisiert werden.

Mit der Verleugnung der Lilith wird auch der kinderfeindliche, der kinderablehnende Teil der Frau aus unserer Wahrnehmung verbannt. Kaum eine Mutter wagt es noch, ihre seelische Überforderung durch die Ansprüche der Kinder und ihre soziale Überlastung durch ihre Mutterfunktion einzugestehen und die Grenzen ihrer Mütterlichkeit offen zu bekennen. Diese Scheu vor der Wahrheit ist wesentlicher Teil einer psychosozialen Schwäche und Verlogenheit der Mütterlichkeit mit tragischen Folgen für die Kinder. Mit dem «Lilith-Komplex» versuche ich, diese Problematik zu beschreiben.

2. Die Inhalte des Lilith-Komplexes

Das Frauenbild ist seit Jahrtausenden geteilt in Eva und Lilith, wobei das Patriarchat das Eva-(Maria-)Bild heiligt und Lilith dämonisiert und tabuisiert. So steht Eva für die Unterwerfung der Frau, für sexuelle Passivität, für Monogamie, für «aufopferungsvolle» Mutterschaft, letztlich für Küche, Kirche und Kinderzimmer. Lilith dagegen steht für Gleichwertigkeit und Gleichberechtigung der Frau, für ihre sexuelle Aktivität und Lustfähigkeit, und sie symbolisiert die Ablehnung der Mutterschaft.

So erkennen wir in Eva und Lilith die zwei Seiten weiblicher Existenz, die zumeist voneinander getrennt sind und sich feindselig gegenüberstehen, oft verkörpert durch zwei entgegengesetzte Frauentypen – die Heilige und die Hure.

Eva ist die «mütterliche», demutsvolle, keusche, treue, sich dem Manne unterordnende Frau, dagegen steht Lilith für ein sinnliches, verführerisches, lustvolles, leidenschaftliches und eigenständiges Leben. Männer haben meist Sehnsucht und Angst zugleich vor beiden Aspekten des Weiblichen. Sie wehren ihre Angst vor Langeweile und Lustlosigkeit in der Ehe mit einer Eva durch Besuche bei Huren oder mit einer Geliebten ab, während sie aus Angst vor weiblicher Kraft, Leidenschaft und Unabhängigkeit den Lilith-Aspekt in jeder Frau zu bekämpfen und moralisch zu ächten versuchen.

Zum Lilith-Komplex zähle ich drei Aspekte des Weiblichen, die in aller Regel unterdrückt, geleugnet, abgespalten, vernachlässigt, verfolgt oder tabuisiert werden:

1. *Die gleichwertige Frau*, die dem Manne weder untergeordnet noch beigeordnet ist, sondern, gleich ihm, aus gleichem Ursprung entstammt und mit gleichem Recht ausgestattet ist.
2. *Die sexuell aktive Frau*, mit eigener Lustfähigkeit und Verführungskraft, wodurch sie nicht mehr darauf ange-

wiesen ist, nur erwählt und «genommen» zu werden. Sie steht für ihre sexuellen Bedürfnisse aktiv ein, sie sorgt für ihre Lust und kann im Liebesspiel auch aktiv geben.

3. *Die kinderfeindliche Frau,* die Mutterschaft ablehnt, um nicht gebunden, verpflichtet und abhängig zu sein.

Der Lilith-Komplex führt dazu, daß Frauen ungern Macht, Lust und Freiheit zugestanden werden. Dagegen werden von ihnen gern Unterwerfung, Keuschheit und Fürsorge erwartet. Der Lilith-Komplex ist kulturell tief verankert, und er wird in der frühen Mutter-Kind-Beziehung reaktiviert und an das Kind ungewollt weitergegeben, wenn der kinderfeindliche Aspekt nicht emotional verarbeitet und bewußt kontrolliert wird. Denn der lebendige und bedürftige Säugling wird unweigerlich alle Unsicherheiten der Mütterlichkeit provozieren, und wenn diese verleugnet werden, wird das Problem schließlich dem fordernden Kind angelastet. Wir müssen davon ausgehen, daß die nicht wahrgenommenen und nicht akzeptierten Schwächen der Mütterlichkeit dem Kind auch völlig unbewußt und unreflektiert übermittelt werden, das sich dann als lästig und störend erleben wird, ohne verstehen zu können, warum. Es bekommt die Not der Mutter, ihre Gereiztheit und Unsicherheit zu spüren, ohne erfassen zu können, daß die Mutter der Problemträger ist. Die Schwächen der Mütterlichkeit verwandeln sich in narzißtische Verletzung des Kindes, wenn es zu glauben beginnt, an Mutters Zustand schuld zu sein.
Die psychosozialen Folgen des Lilith-Komplexes sind verheerend. Seine allgemeinen Symptome äußern sich bei beiden Geschlechtern in einer vielgestaltigen Identitätsschwäche als Frau oder Mann mit allen daraus folgenden Ängsten und Unsicherheiten in der Partnerschaft.

So entwickelt sich aus dem Jungen wieder ein Adam, der, um mächtig und stark zu sein, nur eine untergeordnete Eva erträgt, und aus dem Mädchen entwickelt sich eine Eva, die ihren Selbstwert verleugnen muß, um in einer Beziehung geduldet zu bleiben und nicht in die Einsamkeit flüchten zu müssen. Als Eltern werden «Adam und Eva» ihr Kind wieder in seiner emotionalen Expansivität und lustvollen Aktivität behindern und als ein Objekt der Erziehung ansehen, das zur Ordnung, Disziplin und vor allem zur Gefühlsbeherrschung und zum Gehorsam genötigt werden muß, damit die Lebendigkeit und die sexuelle Lust so gefesselt werden, daß die spätere Frau beim Sex letztendlich zur passiven Dulderin und der spätere Mann zum lieblosen Benutzer pervertieren.

Die unerfüllt gebliebene Muttersehnsucht verführt dazu, in der Partnerschaft Ersatz zu suchen, was aber niemals befriedigend gelingen kann. Die Frau begibt sich notgedrungen aus patriarchaler Vorherrschaft in eine untergeordnete und abhängige Position, aus der sie den Mann mit ihren unerfüllbaren frühen Sehnsüchten und Wünschen quält und schließlich mit ihren Enttäuschungen und mit dem Haß der Unterdrückten die Beziehung terrorisiert und zerstört. Die unterdrückte Lilith in ihr macht sie unzufrieden-bedürftig, macht sie vorwurfsvoll-nörgelnd, läßt sie genervt agieren. Und der Mann im Lilith-Komplex bleibt in seiner Männlichkeit unehrlich und unsicher. Er versucht seine Identitätsschwäche durch Geld, Macht und Geltungsanspruch zu verbergen, er bläht sich auf und ist bemüht, seine Beziehungen zu Frauen und Männern dominierend und kontrollierend auf Distanz zu halten. Liebevolle und vertrauensvolle Hingabe bleiben bedrohlich und werden vermieden. Seine Beziehungen zu Frauen werden häufig sexualisiert, wodurch die Sehnsucht nach einer gleichwertigen Partnerin durch sexuelles Benutzen, durch «Abbumsen», herabgewürdigt wird. Eine andere Seite desselben verborgenen Problems wird über Impotenz ausagiert. Indem der Frau mit dem schlaffen Penis der Erregungswiderhall, der Gegenpart zur weiblichen Lust, verweigert wird, wird sie für ihre Eva-Existenz bestraft.

18

In der Regel versuchen beide Geschlechter in ihrer Beziehung um das längst verlorene Glück miteinander zu wetteifern. Im Stadium der Verliebtheit erscheint der jeweils andere alle Sehnsüchte erfüllen zu können und zu wollen, bis beide sich im Wettkampf um Bestätigung, Zuwendung und Angenommen-Sein gegenseitig erschöpfen und dann ihre schon längst bestehende frühe und existentielle Enttäuschungswut, die sie eigentlich gegen die frühen – also verinnerlichten – Eltern zu richten hätten, gegeneinander austragen und damit jede liebevolle Nähe und verstehende Einsicht in die eigene Not gründlich zunichte machen.

Das Leiden an den partnerschaftlichen Beziehungskonflikten, am alltäglichen Kleinkrieg und den sich ewig wiederholenden Enttäuschungen und Kränkungen, die häufig die Ehekultur prägen, wird stellvertretend erzeugt, um einen verstehbaren und benennbaren Konflikt vorweisen zu können und nicht das völlig unverständliche und unsägliche frühe Schicksal wieder als lebensbedrohlich erinnern zu müssen. Das unerträgliche frühe Leid wird in ein erträgliches, aber permanent anhaltendes, gegenwärtiges leidvolles Drama verwandelt.

Kein Mann kann mit einer «Eva» zum Manne werden. Keine Frau hat mit einem «Adam» die Chance, zur Frau zu reifen. «Adam» und «Eva» reproduzieren aus ihrem Lilith-Komplex unerlöstes Leben, vergiften mit ihrer wachsenden Enttäuschung aneinander ihr Zusammenleben und vermehren so das vermeidbare Leiden ihrer Kinder. Dabei wird «Adam» in der Folge zum Krieger und «Eva» zur «Hexe».

Der Sohn kann sich von seiner Mutter nur ablösen und eine Frau als ebenbürtige Lebens- und Sexualpartnerin gewinnen, wenn seine Muttersehnsucht gesättigt ist oder er gelernt hat, sein Mutterdefizit immer wieder betrauern zu können. Die Tochter wird erst dann ihren Partner nicht mehr zur versorgenden und beschützenden Ersatzmutter machen wollen, wenn auch sie über ihr Mutterdefizit trauern konnte und ihre unbewußte Identifikation mit der Mutter erkennen kann und durch schmerzliche Abnabelung zu überwinden gelernt hat. Die frühe Realität kann leider nicht korrigiert und erlittene Defizite können nachträglich nicht gestillt werden, was eine hedonistische Kultur gerne suggerieren will und süchtig zu verkaufen bemüht ist. Nur der Schmerz «erdet» das Unglück und die Not, und dies auch nicht ein für allemal, sondern so oft, wie man aus äußeren und inneren Gründen und Anlässen daran erinnert wird.

Der Lilith-Komplex ist auch einer der Motoren der weiblichen Emanzipationsbewegung. Sie richtet sich in erster Linie gegen die unberechtigte Dominanz der Männer, die sich für ihre Machtposition auf höchste Autorität – auf die Bibel – stützen dürfen. Aber wie wir gesehen haben, ist diese Auslegung falsch, weil eben die Existenz der Lilith und damit Adams Unreife verschleiert werden.

Im so wichtigen Kampf um Frauenrechte wird mitunter auch der Mann zum Gegner, ohne seine vergleichbare Betroffenheit im Muttermangel zu erkennen. Die weibliche Sexualität wird in ihrer masturbierenden und lesbischen Variante gerne idealisiert. Die Mutterproblematik aber bleibt meist vernachlässigt.

Im Kampf um die Berufstätigkeit und die gleichwertige soziale Karriere der Frau wird Mütterlichkeit gern verleugnet und abgewertet, Kinderkrippen mit einer verfrühten Trennung von Mutter und Kind werden für möglich und manchmal sogar für notwendig gehalten. So wird unweigerlich das Mutterdefizit, das den Lilith-Komplex wesentlich begründet, an die nächste Generation weitergegeben.

Der wichtigste Teil des Lilith-Komplexes, den ich für kulturzerstörend halte und für eine wesentliche Quelle von Gewalt und Krieg – im kleinen wie im großen –, ist der kinderfeindliche Aspekt. Es ist der Archetypus der furchtbaren verschlingenden Mutter, die neugeborene Kinder raubt und tötet, die als «Würgerin» das Blut des Kindes trinkt und das Mark aus seinen Knochen saugt. Orthodox-jüdischen Wöchnerinnen werden deshalb noch heute Schutzamulette umgelegt. In der Mythologie vieler Völker erscheinen kin-

20

derraubende und blutsaugerische Wesen, die auch in Gestalt verführerischer Frauen vorkommen und damit auf ein universales archetypisches Motiv verweisen.

Patienten mit Identitätsschwäche, Selbstwertstörungen und Angstzuständen – mit Symptomen früher struktureller Selbstpathologie also – erkennen und berichten in tiefenpsychologischen Analysen von sehr bedrohlichen Ablehnungserfahrungen durch ihre Mütter. Sie haben häufig frühe Trennungen von der Mutter erleben müssen und waren Opfer des narzißtischen Mißbrauchs durch ihre Mutter. Daß die Mutter besitzergreifend, fordernd und «aussaugend» war und daß der Patient als Kind für ihre Bedürfnisse zur Verfügung stehen mußte, sind dann herzzerreißende, qualvoll-schmerzende Erkenntnisse, die oft auch Wut und Ekel auslösen.

Der kinderfeindliche Aspekt einer Mutter ist nicht an sich das belastende und bedrohliche Problem, sondern seine Verdrängung und Verleugnung im Lilith-Komplex. Der Lilith-Mythos zeigt uns nur eine normale und unvermeidbare Seite der Weiblichkeit: die verständliche Ablehnung von Mutterschaft, weil damit die freie Ungebundenheit, die berufliche und soziale Gleichwertigkeit und oft genug auch für einige Zeit das sexuelle Interesse und die Lustfähigkeit wesentlich behindert werden. Die meisten Frauen wehren diese Tatsache durch eine überbetonte Mütterlichkeit ab oder durch eine engagierte Emanzipation mit einem ideologisierten Kampf um Frauenrechte, in der Kinder wenig Raum haben.

Aus einer Fülle therapeutischer Erfahrungen müssen wir davon ausgehen, daß das Kind die Einstellung der Mutter erspürt, längst bevor es diese gedanklich erfassen und sich sprachlich damit auseinandersetzen könnte. Mit der modernen Säuglingsforschung haben wir verstehen gelernt, daß von Anfang an zwischen Mutter und Kind eine wechselseitige Kommunikation stattfindet, der Säugling also nicht nur passiver Empfänger der guten oder schlechten mütterlichen Fürsorge ist, sondern aktiv die Beziehung zur Mutter mitgestaltet. Er ist dafür mit einer Reihe von Reflexen und angeborenen kommunikativen Fähigkeiten ausgestattet, die dem Kind helfen, Kontakt herzustellen und die Beziehung zu regulieren (ausführlich bei Dornes 1993 u. 1997). Damit wird jede Mutter unweigerlich durch ihr Kind an ihre eigenen frühen Erfahrungen unbewußt erinnert. Das Kind kommuniziert sozusagen mit dem «inneren Kind» seiner Mutter. Stern (1995) spricht von einer spezifischen «Mutterschaftskonstellation», in die jede Frau nach Geburt ihres Kindes eintritt, in der die Erfahrungen mit der eigenen Mutter, die Erfahrungen als Tochter unbewußt ebenso einfließen wie das bewußte Selbstverständnis der zur Mutter gewordenen Frau mit den gewußten und gewollten Einstellungen zu ihrem Kind. Die so wichtige Fähigkeit der Mutter zum empathischen Einfühlen in ihr Baby ist wesentlich geprägt von den Erfahrungen des früheren eigenen Bemuttert-Werdens.

Wie die eigene Mutter reagiert und verstanden hat, wie sie akzeptiert und begrenzt hat, wie sie ihre Liebe gelebt und ihre Behinderungen vermittelt hat, prägt offenbar nachhaltig die eigene Mütterlichkeit. Der Zustand der Mutter, ihre Ängste und Zweifel, ihre Verunsicherungen und Ambivalenzen, ihre Ablehnungen und Enttäuschungen, aber auch ihre Liebe und verstehende Empathie übertragen sich vor allem körperlich, wobei die Qualität der Blicke und Berührungen, die Art und Weise des Haltens, Tragens, die Mimik und Gestik und die Stimme wesentliche Wirkungen entfalten. Nicht zu Unrecht wird dem «Glanz in den Augen der Mutter», ihrem grundsätzlichen Bejahen der kindlichen Existenz und dem wohlwollenden Erkennen der kindlichen Bedürfnisse eine den Selbstwert konstituierende Erfahrung zugeschrieben.

In vielen Therapien habe ich die verzweifelte Verlorenheit von Menschen und ihre abgrundtiefe Panik miterleben müssen, wenn sie erkannten, daß sie niemals liebevolle Blicke ihrer Mutter bekommen haben, mitunter nicht einmal in Kontakt mit den Augen ihrer Mutter gekommen sind. Die unbewußte Einstellung der Mutter zu ihrem Kind, also auch die unerkannten und unbewältigten frühen Erfahrungen der Mutter, wirkt auf das Kind offenbar nachhaltiger als ihre bewußte, gewollte und bemühte, auch durch Literaturstudium und Beratung erworbene Mütterlichkeit. So wird das zunächst ganz natürlich und vital agierende und reagierende Kind zur Bedrohung der mütterlichen Abwehr und stellt die Kompensation ihrer eigenen traumatischen frühen Erfahrungen in Frage. Die junge Mutter also, die den Teil des Lilith-Komplexes verleugnet, der das Kind ablehnt und fürchtet, weil ihre Unabhängigkeit und lustvolle Weiblichkeit für längere Zeit beeinträchtigt werden kann, wird aus Unehrlichkeit oder genervter Überforderung und vorwurfsvoller Gereiztheit ihrem Kind Ablehnung vermitteln und erneut «frühe Störung» durch die eigene narzißtische Verletzung erzeugen.

Freud mußte den Ödipus-Komplex erfinden, um die weitverbreitete Mutterfixierung des Sohnes zu sexualisieren, um der frühen psychosozialen Tragödie eine – leider falsche – triebtheoretische Erklärung geben zu können. Daß die orthodoxe Freudsche Psychoanalyse den Ödipus-Mythos mißbraucht und die ungeheuerliche Schuld der Eltern, die ihr Kind töten wollten, umdeutete in eine vermeintliche sexuelle Entwicklungspsychologie, hat auch große Teile der Psychotherapie zu einem Verleugnungs- und Anpassungssystem im Dienste des Lilith-Komplexes werden lassen. Die Ausgestaltung «ödipaler» neurotischer Konflikte dient meiner Erfahrung nach vor allem der Abwehr der bedrohlichen seelischen Inhalte aus der frühen Ablehnung und Abwertung. Alle Therapien, die sich intensiv und lange mit der Klärung der unendlichen menschlichen Verwicklungen und vordergründigen neurotischen Krisen und Kränkungen befassen, bilden damit ein hohes Risiko, die Folgen früher Not zu «kultivieren», um die ursächliche und grundsätzliche Lebensunsicherheit zu verschleiern. Zugegeben, man wird in vielen Fällen niemals die frühe Panik eröffnen können oder dürfen, weil das therapeutische Setting oder die haltende Kraft des Therapeuten und des sozialen Umfeldes nicht ausreichen, die unvorstellbaren Ungeheuerlichkeiten der Frühgeschichte bewußt werden zu lassen und emotional zu verarbeiten. Die Couch jedenfalls ist in aller Regel nicht der Ort, auf der mörderische Wut, abgrundtiefer Haß, schneidender Schmerz, würgender Ekel und herzzerreißende Trauer eröffnet und in der Übertragung mit einem wohlwollenden Therapeuten ausgetragen werden könnten. Die frühen Affekte und Sehnsüchte sind so heftig, daß andere Behandlungsbedingungen geschaffen werden müssen, die wir in einer analytischen Körperpsychotherapie mit dem «Mutterkörper» Gruppe im stationären Schutzraum zu realisieren bemüht sind. Die klinischen Erfahrungen, die wir in diesem Setting machen können, weisen darauf hin, daß Kinder mit frühen Mutterdefiziten, also mit einer grundsätzlichen narzißtischen Verwundung, auf vielfache Weise nach Mitteln und Wegen suchen, doch noch die Liebe der Mutter zu bekommen, denn der Liebesmangel bedroht ihr Überleben.

Sexualisierung der Beziehung ist ein häufiger Versuch des Jungen, doch noch Mutter zu «besitzen», und der Versuch des Mädchens, beim Vater wenigstens etwas Ausgleich zu finden. Das erwachende genitale Interesse, das wachsende Wissen um die elterliche Sexualität mit den Phantasien dazu transportieren die Hoffnung, daß in der Sexualität das Geheimnis der Liebe zu finden und zu befreien wäre. Eine sogenannte «ödipale» Konstellation als normale entwicklungspsychologische Phase, in der der Sohn die Mutter begehren und den Vater verdrängen möchte, können wir nicht bestätigen. In jedem Fall liegt solchen Wünschen eine «frühe Störung» zugrunde. Im «Ödipus-Komplex» soll dann das frühe Mutterdefizit ausgeglichen werden, was natürlich nicht gelingen kann, aber eine unglückliche Mutterfixierung und stellvertretende Konflikte garantiert, die allerdings auch Halt geben können. Der Ödipus-Mythos beschreibt die Folgen der elterlichen Schuld: Wenn sie ihr Kind nicht annehmen wollen, werden Vater und Sohn – vom Vater provoziert – in tödlichen Streit geraten als Symbol für die kriegerische Gewalt zwischen Männern, und Mutter und Sohn gehen eine unerlaubte Ehe ein – was nur die Mutter wissen konnte – als Symbol für die unglücklichen und zerstörerischen Partnerschaftsbeziehungen – beides als Folge des Hasses und der Identitätsschwäche aus früher Tragik (s. a. Maaz, 1998).

Mit dem Lilith-Komplex aber wird vor allem die Unreife von Mann und Frau symbolisiert, die aus einem unbewältigten frühen (Mutter-)Bedürfnis erwächst. «Adam und Eva» geben ihre elterliche Unreife dergestalt an ihre Kinder weiter, mehr von den Kindern für ihre Bedürfnisse zu erwarten, als daß sie in der Lage wären, ihrerseits die Wünsche des Kindes wahrzunehmen und, so gut es geht, zu befriedigen. Der Lilith-Komplex macht Frauen zu verlogenen Müttern, die ihren Kindern mehr Liebe vorgaukeln, als sie wirklich zu geben vermögen. Für ihre angestrengten Bemühungen, weil sie selbst keine unbedingte Mutterliebe erfahren haben, wollen sie schließlich unbewußt von ihren Kindern entschädigt werden, deren Liebe sie dann ausbeuten, was eine «Muttervergiftung» begründet.

Und Männer bleiben im Lilith-Komplex müttergebundene infantile Jungen und werden dann zu frustrierten oder fliehenden Vätern, die als befreiende und ausgleichende Dritte ausfallen, weil sie eifersüchtig-gekränkt auf die Zuwendung ihrer Frauen zu ihren Kindern reagieren, selbst wenn diese Mütterlichkeit nur mangelhaft und verkrampft gelebt werden kann. So versagen die Männer in ihrer Vaterfunktion und fallen ihren ohnehin schon überforderten Frauen noch zusätzlich zur Last.

Eine Frau, die «Lilith» leugnet und «Eva» lebt, wird durch ihre unbewußte Verleugnung und ihre reduzierte und einseitige Weiblichkeit ihrem Kind unweigerlich Schaden zufügen. Dies erklärt die Häufigkeit der Anteile narzißtischer Persönlichkeitsstörungen bei vielen Menschen, so daß wir einen Erklärungsansatz haben für die wachsende Gefahr einer wuchernden narzißtischen Gesellschaftspathologie. Einer Gesellschaft also, die immer mehr sekundär-narzißtische Befriedigungsquellen schaffen muß und so einen destruktiven Suchtcharakter individuell wie massenpsychologisch befördert.

Ein Mann, der «Lilith» leugnet und «Adam» lebt, wird im Kind zwangsläufig einen Rivalen um die Muttergunst erleben. Er wird das Kind deshalb einschüchtern oder mißbrauchen, wird seine Enttäuschungswut gegen die Partnerin richten, sich zu Prostituierten, in den Alkohol, in die Arbeit oder in Machtkämpfe flüchten.

Die Lilith-integrierte Frau würde sich einen Mann als Partner wünschen, mit dem sie sich in ebenbürtiger Verschiedenheit ergänzt, dem sie sich weder unterordnen muß noch möchte und mit dem sie sich auch nicht in Rivalitätskämpfen erschöpfen muß. Sie wird Mutter im Bewußtsein der damit verbundenen Einengung und freiwilligen Gebundenheit, was es ihr ermöglicht, dem Kind mit ihrer Begrenzung offen zu begegnen und den Schmerz über unvermeidbare Defizite wahrzunehmen und auszudrücken lehren kann. Die Lilith-integrierte Frau wird vor allem vor dem Kind zu bekennen wagen, daß sie auch Ablehnung, Angst und Haß ihrem Kinde gegenüber empfinden kann, daß dies aber zuvörderst ihr Problem ist und daß es durchaus begreiflich, ja verständlich ist, wenn das Kind darauf mit Empörung und Trauer reagiert.

Die gefühlte Wahrheit wird nie destruktive Folgen haben, dagegen aber bewirken verlogene Liebe und verheimlichte Einstellung mit großer Sicherheit Konflikte, Krankheit und Gewalt. Eine ehrliche Mutter wird damit auch die Ablösung

26

und Eigenständigkeit ihres Kindes grundsätzlich von Anfang an bejahen.

Der Lilith-integrierte Mann wird seine Frau nicht zu seiner «Mutter» machen wollen, er wird in seiner ebenbürtigen Partnerin eine Bereicherung, Ergänzung und Herausforderung erleben, mit der er das Leben arbeitsteilig aktiv und kreativ gestaltet. Er ist ein mutterabgelöster Mann, der wirklich aus sich heraus handelt, ohne etwas aus innerer Not heraus erreichen, beweisen oder bekämpfen zu müssen. Er kann sein Alleinsein nicht nur aushalten, sondern sich in seiner Einmaligkeit und existentiellen Spezifität auch genießen. Sein Kind ist für ihn kein Rivale, sondern eine natürliche Aufgabe, die ihn zum Lehrer, Meister, Vorbild werden läßt und der die neue Verschiedenheit des Nachwuchses als Ausdruck eines lebendigen Entwicklungsprozesses zu würdigen weiß.

Die besondere Tragik zwischen Mutter und Kind liegt darin, daß Mutterliebe als Muttervergiftung erfahren wird. Mutter und Kind können sich nicht mehr wirklich verstehen. Die Mutter ist überzeugt, aus Liebe zu handeln, und für das Kind wird diese Liebe zum Gift, weil seine Bedürfnisse andere sind, als die Mutter gerade erfüllen will. Beide fühlen sich unverstanden und machen einander unglücklich, ohne es zu wissen, ohne es zu verstehen und ohne es verändern zu können. Beide fühlen sich mit Recht im Recht und tun sich beide unrecht. Gegen diese Tragödie hilft nur umfassende Aufklärung und Prävention zur Auflösung des Lilith-Komplexes.

Der Lamaschtu- und der Ischtar-Aspekt der Lilith Der Jungianer Siegfried Hurwitz unterscheidet den Lamaschtu-Aspekt und den Ischtar-Aspekt der Lilith. Die damit symbolisierten beiden Wesensseiten der Lilith werden durch die aus dem babylonischen Schrifttum bekannten Göttinnen Lamaschtu und Ischtar personifiziert.

Mit Lilith hat Lamaschtu gemeinsam, daß beide «es auf die

schwangere, vor allem auf die in Wehen liegende Frau abgesehen» haben. «Sie versuchen, sie selbst zu schädigen und ihr das neugeborene Kind zu rauben und zu töten.» Der Lamaschtu-Aspekt der Lilith steht für ihre Bedeutung als kinderraubende und kindertötende Dämonin und als furchtbare, verschlingende Mutter. Mit dem Ischtar-Aspekt wird ihre Rolle als Verführerin, als Göttin der sinnlichen Liebe und der Wollust benannt. Sie ist infolgedessen auch die Schutzgöttin der kultischen Tempeldirnen. Im ganzen Orient wurde sie als Himmelsgöttin kultisch verehrt. Der Aspekt der Dirne und Verführerin bei der Ischtar kommt am eindrücklichsten im Gilgamesch-Epos zum Ausdruck. Im Lilith-Komplex bleiben beide Aspekte unbewußt. Für den Mann dürfte dies ein wesentlicher Grund für die Ambivalenz von Angst und Faszination gegenüber dem Weiblichen sein. So kann er in der Faszination über die Ischtar-Seite einer lilithähnlichen Frau verfallen. Bleibt er dabei seiner Angst verhaftet, bleibt er auch von seinem Eros und seinem Gefühl getrennt.

Will der Mann Lilith integrieren, muß er lernen, sich der Verführungskunst einer Frau zu überlassen und ihr zu widerstehen – er muß beide Fähigkeiten ausbilden und seine Antwort auf die erotisch-verführerischen Angebote verantworten. Auf die gleiche Weise ist die Auseinandersetzung mit dem Macht- und Dominanzstreben der Frau möglich: Der Mann kann genießen lernen, sich führen zu lassen, und eigene Ansprüche geltend machen. Er kann aber auch aus Angst vor der «verschlingenden Mutter» auf ewig gerüstet und bewaffnet bleiben und so niemals entspannenden Kontrollverlust lustvoll erleben.

Eine Frau wird vor allem die eigene zerstörerische Lamaschtu-Seite verleugnen wollen und sich dann als besonders gute, kinderliebende und schützende Mutter verstehen und darstellen, wobei in ihrem Unbewußten die böse, kinderfeindliche, verschlingende Seite auf unerkannte Weise wirkt. Diese «dunklen» Kräfte führen dazu, daß sie auf vielfache Weise ihre Kinder in ihrer Entwicklung behindern, vor allem ihre Selbständigkeit verhindern und ihre Lebendigkeit abtöten wird.

Undine kam zur Behandlung wegen Panikanfällen, Tachykardie, Schlafstörungen und schmerzhaften Muskelverspannungen. Sie fühlte sich wie in einem Käfig, innerlich gehetzt, unruhig, ständig unter Spannung, doch nach außen konnte sie sich nicht freimachen. Sie wirkte immer ruhig und gefaßt, keiner konnte ihr ansehen, welche inneren Qualen sie durchmachte. Sie war sehr beliebt, weil jeder zu ihr kommen konnte, um sich bei ihr Hilfe oder Rat zu holen, nur für sich selbst konnte sie nichts erbitten. Sie wollte niemanden zur Last fallen, hatte stets das Gefühl, sie könnte zuviel verlangen, und hielt sich selbst für nicht liebenswert – keiner besonderen Aufmerksamkeit und Zuneigung wert. Das für sie wesentliche und schließlich heilsame Erlebnis ihrer therapeutischen Arbeit war die Erkenntnis, daß ihre Mutter ihr beigebracht hatte, daß sie ganz lieb und brav, nahezu unauffällig und nicht belastend und störend sein dürfe. Diese Erwartung war offensichtlich mit der Frage nach ihrer Existenzberechtigung verbunden worden: «Wenn du laut und frech wirst, dann bist du für mich gestorben!» Als sie einmal als 5jährige einen Tag vorzeitig von einem Besuch bei den Großeltern wieder zurückkehrte, weil sie zuviel Heimweh hatte, reagierte die Mutter: «Du bist für mich heute noch nicht da!»
Für Undine waren Weinen, Schreien, Lachen und Toben – alle deutlichen Zeichen von Lebendigkeit – von tödlicher Ablehnung bedroht. Der Lilith-Komplex der Mutter hatte sie bei «lebendigem Leibe in eine Gruft» gebracht. In ihr tobte das Leben, das sich nicht mehr zeigen und entäußern durfte. Kein Wunder, daß das Herz auf Hochtouren pulste, der Blutdruck anstieg und Panikgefühle eine Lebensbedrohung signalisierten, sobald sie das Lebendige in sich nicht mehr zu zügeln wußte.
Undine mußte Ausdruck finden für ihre verdrängten Bedürfnisse und damit für ihre Wut, ihren Schmerz, ihre Freude und ihre Lust. Jeden Befreiungsschritt ihrer Lebendigkeit mußte sie mit

heftiger Angst, mit Selbstvorwürfen, Zweifeln und Schuldgefüh-
len bezahlen. Sie erkannte schließlich das tragisch-unbefriedigte
Leben ihrer Mutter, der sie nicht zur Last fallen durfte, der sie so-
gar Halt geben mußte durch ihren pflegeleichten Liebreiz. Mutter
hatte von ihrer, von Undines, Energie gelebt. Der Lilith-Komplex
hatte sie in diesem Sinne zu einer Vampir-Mutter werden lassen.

In der unbewußten Identifizierung mit der Ischtar-Seite der Lilith entwickelt die Frau eine Verführungskraft, die alle Beziehungen erotisiert und sexualisiert, die sie
promiskuitiv mit vielen Männern schlafen läßt, nur um
Männer in ihren Bann zu bringen, um sie anschließend wieder fallenzulassen. Sie ist bestens geeignet, als «naturveran-
lagte» Hure ein großes Geschäft zu machen.

Eine Frau, die ihre kinderfeindlichen, machtstrebigen und
verführerischen Seiten unterdrückt und verleugnet, wird
zwangsläufig «Mutterstörungen» bei ihren Kindern bewirken.

Ein Mann, der die verschlingende Mutter nicht verlassen
mag und sein Anima-Problem nicht zu lösen wagt, wird seine Gefühle abtöten müssen, wird sich in Machtkämpfe ver-
wickeln und keine angstfreie und lustvolle Männlichkeit
entfalten können. Die Angst vor der die Lebenskraft entzie-
henden, bedürftigen Mutter paart sich mit der Angst vor der
Macht und Anziehungskraft der Frau, die ihn impotent machen kann. Er bleibt unsicher, will bedienen, oder er flieht
die Verantwortung, verrät seine Kinder, die er allein der
Mutter überläßt, und verwandelt seine Schwäche und
Kränkung in Haß und Gewalt. Wir alle kennen die nahezu
grotesken Verhältnisse bei brutalen bis perversen Macht-
Männern, die dagegen im Privaten gegenüber ihren Frauen
ganz klein und gehemmt sind. Auch die dunklen Seiten der
deutschen Geschichte sind mit diesem Phänomen geschrieben worden.

3. Die Sexualposition im Lichte des Lilith-Komplexes

Der unversöhnliche Konflikt zwischen Adam und Lilith wird durch den Streit um die Sexualposition symbolisiert. Lilith verweigert die Missionarsstellung, und Adam wollte Lilith keine dominante Rittlings-Position erlauben. Wer gewohnt ist, mit der Psychodynamik sexuellen Verhaltens umzugehen und die vielen Spielarten der sexuellen Stellungen nicht auf technische Varianten reduzieren mag, der weiß um die psychosoziale (oft unbewußte) und symbolische Bedeutung der Sexualposition. Es geht um Aktivität und Passivität, um Beherrschen und Unterwerfen, um Kontrollieren und Loslassen, um Geben und Nehmen, um Machen und Lassen, um Eindringen und Empfangen. Auf beiden Seiten liegt Lust: es machen und gemacht bekommen, berühren und berührt werden, zurückhalten und loslassen. Wir unterteilen diese Gegensätze fälschlicherweise gerne in männlich und weiblich und ordnen das passive Nehmen der Frau und das aktive Geben dem Manne zu. Aber wäre die Frau nur passive Empfängerin und der Mann nur der eindringende Macher und Hergeber, wären beide bald in Unlust verkrampft. Das sind Adam und Eva. Nur so kommen auch die absurden Vorstellungen zustande, der Mann könne der Frau den Orgasmus machen. Nein, für die Lustwelle ist jeder selbst verantwortlich!
Wilhelm Reich hatte schon in den 40er Jahren des vergangenen Jahrhunderts die «Orgasmusformel»: Spannung – Ladung – Entladung – Entspannung entdeckt und ausführlich beschrieben. Die sexuelle Funktion und damit die Lustfähigkeit wie auch ihre Störungen lassen sich als «Viertakt» beschreiben: 1. Das sexuelle Bedürfnis äußert sich als mechanische Spannung und Flüssigkeitsansammlung in den Genitalien. 2. Durch Reibung der Genitalien wird eine energetische Ladung erzeugt. 3. Im Orgasmus bauen die Muskelzuckungen die elektrische Ladung ab. 4. Damit

kommt es durch Abfluß der Körperflüssigkeit zur mechanischen Entspannung der Genitalien. Dieser «Viertakt» ist bei beiden Geschlechtern gleich. So können Spannungsstörungen, z. B. bei Erschöpfung, Depression, Ängsten oder moralischen Einschüchterungen und Verboten, das sexuelle Bedürfnis einschränken. Ladungsstörungen entstehen aus der begrenzten Fähigkeit, Energie aufbauen und halten zu können, z. B. bei chronischer Anspannung und Erregung aus anderen seelischen Belastungen und Konflikten. Entladungsstörungen entstehen aus der Furcht, loszulassen und sich hinzugeben, so daß auch keine richtige Entspannung folgen kann. Die Angst loszulassen entsteht aus frühen schmerzlichen Erfahrungen von Strafe oder Beschämung, z. B. wenn sich ein Kind spontan äußert und zeigt, was es denkt, und dafür stets von neuem bestraft wird. So würde später ein Loslassen, wie es die orgastische Lust braucht, auch alte belastende Erlebnisse reaktivieren, was statt der erhofften Lust Angst hervorruft. So halten viele Menschen unwillkürlich fest und machen Sex zu einem Kampffeld. Wie sehr diese physiologisch-muskulären Mechanismen mit seelischen Vorgängen und der Beziehungsdynamik verbunden sind, ist dabei leicht erkennbar.

Für unser Thema ist die Reichsche Orgasmusformel hilfreich, weil sie für beide Geschlechter aktive (Ladung aufbauen und halten) und passive (Spannung zulassen und loslassen) Fähigkeiten deutlich macht und damit die Gleichwertigkeit der Geschlechter untermauert. Die lustvolle körperliche Reaktion wird durch befreiende physiologische Funktionen ermöglicht. Die jederzeit mögliche Disharmonie im physiologischen Ablauf infolge individueller Unterschiede in Rhythmen, Bedürfnislage, Behinderungen und Streß braucht die liebende Beziehung zum Verstehen, Tolerieren und Ausgleichen. Die Menge an Lust ist also bei beiden Geschlechtern abhängig von der Fähigkeit zur aktiven Ladung durch Bewegung, zur Energieanreicherung durch Speichern und Halten und zur Entladung durch Loslassen und Ausdrücken. Beide Pole bieten Lust, und wirkliche Luststeigerung ist neben der Fähigkeit, gut aktiv oder passiv sein zu können, gut aufladen oder entladen zu können, die Fähigkeit, beides gut zu können. Das aber bedeutet die Überwindung des kulturellen Vorurteils mit der nötigenden Einseitigkeit auf ein «männliches» oder «weibliches» Rollenverhalten. In der Sprache dieser unglücklichen, vom Lilith-Komplex diktierten Sozialrollen würde sexuelle Befreiung und Luststeigerung darin bestehen, daß Männer auch «weibliches» und Frauen auch «männliches» Sexualverhalten entfalten können. Beide sollten aktiv und passiv sein, geben und empfangen können. Das partnerschaftliche – nicht angstbesetzte oder nach Dominanz strebende – Zusammenspiel ermöglicht Luststeigerung dann, wenn beide sich gut einfühlen und ergänzen können und sich situativ auf die gerade optimale Mischung der polaren Eigenschaften einzustimmen in der Lage sind. Es ist also etwas ganz anderes und Befreiendes, wenn der Mann sein Sexualverhalten je nach Bedürfnislage in Abstimmung mit seiner Partnerin auf dem Kontinuum androgyner Möglichkeiten ohne Scham geltend machen kann, als wenn er dem Vorurteil folgen muß, daß er seine Potenz nur darin beweisen könne, wenn er eine Frau «nimmt». Die eher zwanghafte Festlegung auf eine bestimmte Sexualposition ist lusttötend, dagegen vermehrt das abwechslungsreiche Liebesspiel, auch mit der Entscheidungsfreiheit, «oben» oder «unten» zu liegen, die Lustmöglichkeiten und gestattet eine Abstimmung zwischen Stimmungs- und Bedürfnislage mit der Sexualposition.

Ebenso müßte keine Frau fürchten, als «phallische» Frau den Mann zu depotenzieren, wenn sie sich nicht hingebungsvoll überläßt, sondern den sexuell-erotischen Austausch mitbestimmt.

Sexuelle Probleme entstehen also aus der innerseelischen Festlegung auf nur ein Rollenverhalten. Beziehungskonflikte und Luststörungen entstehen aus dem Kampf um eine bestimmte Position oder aus der Enttäuschung, einen anderen Pol nicht leben zu können oder zu dürfen. Die Lustfähigkeit bleibt erhalten, wenn eine partnerschaftliche Abstimmung für die situativ und stimmungsmäßig favorisierte Verhaltensvariante möglich ist, und das Lusterleben kann vermehrt werden, wenn polare Bedürfnisse gleichermaßen gestillt werden können.

Daß Adam Liliths Begehren nicht akzeptieren konnte, macht ihn zum Macho, der seine «weiblichen» Anteile durch aufgesetzte Stärke abwehren muß und so zum potentiellen Gewalttäter mutiert. Der lilith-integrierte Mann fürchtet nicht die Dominanz der Frau, sondern befriedigt mit ihr auch seine passive Seite. Die lilith-integrierte Frau hat keine Scheu, auch ihre aktive Seite zu leben und in der Verantwortung für ihren Orgasmus auch den Penis zu benutzen. Die lilith-integrierten Partner haben Lust an der Lust des anderen, ohne sich dabei durch das Sexualverhalten des Partners manipuliert, mißbraucht, ausgenutzt oder eingeengt zu fühlen oder solche Absichten zu hegen.

Der Lilith-Komplex ist meines Erachtens eine wesentliche Ursache für das kulturell weitverbreitete männliche und weibliche Rollenklischee des Sexualverhaltens mit all seinen Luststörungen und Partnerschaftskonflikten.

Entwicklungspsychologisch ist die genitale Lustfähigkeit ein wichtiger Schritt zur Reife. So kann sexuelle Befriedigung auf genitalem Niveau verführen, von frühen ungestillten Bedürfnissen (nach Liebe, nach Verschmelzung, nach Anerkennung und Bestätigung) abzulenken mit der Gefahr, daß frühe Bedürfnisse sexualisiert ausagiert werden. Mit der Hoffnung auf Liebe, Wärme, Nähe und narzißtische Gratifikation läßt man sich auf sexuelle Kontakte ein und ist bald enttäuscht über die geringe Wirkung. Häufig führt diese Enttäuschung aber nicht zur Erkenntnis der Illusion, sondern wird durch Beschwerden und Krankheiten im Urogenitalbereich kaschiert und durch Beziehungskrisen und Vorwürfe in der Partnerschaft in soziale Konflikte verwandelt. Die Sexualisierung früher, lange ungestillter Bedürfnisse ist aber nicht nur die wichtigste Ursache für eine Vielzahl psychosomatischer Erkrankungen und von Beziehungskonflikten, sondern auch der pathologische Antrieb für Perversionen, sexuelle Straftaten und sexuellen Mißbrauch. Auf der anderen Seite bietet die Sexualität eine hervorragende Möglichkeit, um frühe Bedürfnisse zu aktivieren und geltend zu machen, um sie dann aber bei entsprechender Reife durch die orgastische Entladung und Entspannung auf schöne und sehr wirkungsvolle Weise abzuführen und zu beenden. Bedürfnisse nach Verschmelzung, Verbundenheit, Angenommen- und Bestätigtwerden, nach inniger körperlicher Nähe und Liebe können relativ gefahrlos freigelassen werden, wenn der nahtlose Übergang in genitale Erregung mit orgastischer Abfuhr möglich ist. Orgasmusstörungen sind – wie wir wissen – meist bedingt durch unbewältigte frühe Defizite und Verletzungen. Die Orgasmuswelle droht sozusagen alle zurückgehaltenen Gefühle – also auch Wut, Schmerz und Trauer – mitzureißen, was natürlich verhindert werden will, was dann auf Kosten der sexuellen Lust geht. Orgasmusfähigkeit setzt voraus, daß auch diese belastenden Gefühle vorher schon zugelassen und ausdrückt werden konnten. Aus der körperpsychotherapeutischen Arbeit wissen wir, daß die sexuelle Lust wächst, wenn vorher auch geweint und getrauert werden konnte. Andererseits sind wir nicht verwundert, wenn durch den Orgasmus auch einmal Weinen ausgelöst wird, eben weil die Lust unweigerlich auch alle unterdrückten Gefühle aufzuwühlen vermag.

4. Pseudo-Lilith und Macho

Das Überraschende und Spannende am Lilith-Mythos ist der Befund, daß die ersten Menschen – Adam und Lilith – als selbstwertgestört gezeigt werden.

Adam hat Angst vor der gleichwertigen und selbstbewuß-
ten Lilith. Er braucht offenbar ihre Unterwerfung, um sich
als Mann potent zu fühlen. Lilith dagegen flieht den Konflikt. Sie klagt ihren Anspruch ein, hat aber offenbar weder
die Kraft noch die Geduld, den Macht-Konflikt auszutra-
gen. Konflikt- und Ambivalenzunfähigkeit gelten in der
Psychotherapie als Zeichen für Selbstwertstörungen aus
frühen seelischen Verletzungen. Eine reife Absprache wie
unter Erwachsenen, ein Aushandeln nach situativen Wünschen und Bedürfnissen, Kompromißbildungen und die
Fähigkeit, aus verschiedenen Positionen und Gegensätzen
auch unterschiedliche Lust zu schöpfen, gelingen den beiden nicht.

Gott bestraft Lilith, weil sie flieht, nicht aber Adam, den
furchtsamen Macho, der mehr sein will als eine Frau. Gott
war offensichtlich kein Psychotherapeut, der die Konflikt-
anteile beider zur Verhandlung gebracht hätte. Aber die
Texte, die uns von diesen Ereignissen berichten, wurden
auch nicht von Gott geschrieben, sondern von Männern.

Für mein Anliegen in diesem Buch – die Ursachen
und Folgen der Mutterstörungen zu beschreiben, die vor allem Selbstwertstörungen verursachen – ist bereits die mutterlose Erschaffung der ersten Menschen ein mythisches
Symbol für diese Grundproblematik. In unsere Gottesbil-
der haben wir Menschen schon immer unsere seelischen
Defizite, Abspaltungen, Hoffnungen und Sehnsüchte projiziert. Mit der Herausbildung eines patriarchalen Gottesbil-
des, mit der Herrschaft eines Vater-Gottes, der Menschen
ohne eine Mutter zur Welt bringen kann und später auch
Gottes Sohn von einer «Jungfrau Maria» gebären läßt, die als
Mutter keine Bedeutung erlangt (Jesus zu seiner Mutter:
«Weib, was habe ich mit dir zu schaffen?» Jh. 2,4), symbolisiert das christliche Menschenbild ein Mutterdefizit von
Anbeginn seiner Kultur. Kein Wunder, daß die Frauen bis
heute in den Kirchen und der Gesellschaft benachteiligt

sind und Lilith weitestgehend verleugnet und tabuisiert wird.

Daß mit dem gekreuzigten Jesus das Abbild einer furchtbaren Tötung zum Symbol unserer Kultur gemacht wurde, kann ich heute als das passende Sinnbild für das Schicksal eines mutterlosen Kindes verstehen. Der Muttermangel wird in der Liebesreligion als Sehnsucht und Hoffnung zum Ausdruck gebracht und zugleich als individuelles Problem abgewehrt. Der Repräsentant der Liebesbotschaft wird von denjenigen getötet, die durch Liebe ihr frühes Defizit als lebensbedrohliche Erfahrung wieder erinnern müßten. Lieber töten als den eigenen Schmerz erleiden! Und daß das Horrorbild einer Marter- und Hinrichtungsanlage zum anbetungswürdigen Symbol pervertiert, bringt zwar die Tötung der Liebe in permanente Erinnerung, läßt aber den notwendigen Schmerzensschrei in stiller Andacht und im Gebet ersticken.

Die christliche Kultur hat also in ihrer Mythologie die Mutter abgewertet, das Weibliche auf Eva reduziert und einen selbstunsicheren Adam zum Prototyp des Männlichen aufsteigen lassen. Damit sind wir mit einem zutiefst defizitären Frauen- und Männerbild konfrontiert und die meisten von uns auch identifiziert, so daß Partnerschaftskonflikte nahezu vorprogrammiert sind. Durch das christliche Treuegelöbnis «bis daß der Tod Euch scheidet» wird die Ehe für viele Paare zu einer lebenslangen Qual im Dienste des «Mutterschutzes», um den Mangel an Mütterlichkeit in der patriarchal-christlichen Kultur zu verschleiern. Beide Partner leiden aneinander, statt schmerzvoll zu erkennen, was ihnen gemeinsam fehlt.

Die als defizitär verinnerlichte Mutter zwingt die Liebenden in einen anstrengenden, am Ende aber immer hoffnungslosen und enttäuschenden Wettstreit, wer von beiden mehr Mütterlichkeit zur Verfügung stellen kann. Einerseits mag dieses Menschenbild uns alle dankbar davon entlasten, daß wir als Partner und Eltern immer auch versagen und nie ideal sein können, andererseits aber auch ein schier unüberwindbares Tabu geschaffen haben, daß nie wirklich die gute Mutter individuell wie gesellschaftlich eingefordert wird. Andererseits aber wird die defizitäre Mutter in verlogener und geheuchelter Verehrung (im Sinne der Reaktionsbildung zur Verleugnung der bitteren Wahrheit) – vom einstigen Mutter-Kreuz bis zum heutigen Muttertag – gewürdigt. Denn der verleugnete und verborgene Muttermangel garantiert, daß erneut selbstwertgestörte Kinder heranwachsen, die als brave Untertanen und willfährige Soldaten, als leistungssüchtige Produzenten und gierige Konsumenten die patriarchalen Herrschaftsstrukturen erhalten und weiter ausbauen.

So wird auch verständlich, daß viele Frauen, die gegen ihre Unterdrückung und Abwertung protestieren, die ihre Reduzierung auf ein Eva-Leben ablehnen und einen gerechten Kampf gegen eine ungerechte Männervorherrschaft aufgenommen haben, durch ihre Emanzipationsbemühungen nur zur Pseudo-Lilith mutieren können. Da sie ihren Muttermangel und damit auch ihr eigenes Mütterlichkeitsdefizit nicht erkennen und erleiden wollen, benutzen sie die Lilith-Merkmale (Gleichwertigkeit, sexuelle Aktivität und Kinderfeindlichkeit) nur als Waffe im Machtkampf, ohne wirklich Eva- und Lilith-Anteile integrieren und Männliches und Weibliches versöhnen zu wollen.

Es geht dann nur vordergründig um Gleichwertigkeit und sexuelle Freiheit, hintergründig aber wird der eigene Muttermangel als Kampf gegen Männer abgewehrt und ausgetragen. Die Ablehnung der Mutterschaft dient nicht nur der eigenen beruflichen Entwicklung, sondern es geht auch darum, daß die Frau sich an die Stelle von Adam setzt und ihn nur nachahmen oder noch übertrumpfen will. Die militante Emanze flieht Eva und Lilith. Eine solche Frauenmacht könnte die bestehenden Verhältnisse nicht wirklich verbessern. Nur die Integration von Eva und Lilith könnte bessere Voraussetzungen für die Entwicklung von Kindern und damit für partnerschaftliche Lebensformen schaffen.

Die große Emanzipationsbewegung, die den Geist Liliths mißbraucht, findet im Alltäglichen eine Schwester. Es sind die Frauen, die meist kinderlos als Single leben, leistungsstark und erfolgreich sind, die sich auch mitunter aufreizend und verführerisch dem Manne anbieten, dabei aber die Kontrolle über die Beziehung behalten wollen.

Sie sexualisieren gerne ihre Beziehungen, unterstützt durch Mode und Kosmetik, sie geben sich sexuell freizügig und locker-selbstverständlich, sind aber nicht wirklich sexuell lustvoll, weil sie ihre Hingabe kontrollieren müssen, um in der Beziehung zu dominieren und die eigene Bedürftigkeit verschlossen zu halten. Ihr Orgasmus – wenn überhaupt – wird meist klitorial ausgelöst, bleibt genital begrenzt, um keine Lustwelle bis in die Körperregionen freizulassen, in denen Bedürfnisse (Bauch) und Sehnsüchte (Herz) festgehalten werden.

Die frühe Not, der Muttermangel und die erlittenen Abwertungen und Kränkungen haben die Pseudo-Liliths zuwendungsbedürftig hinterlassen. Sie legen sich mit gespreizten Beinen willig ins Bett, gebärden sich sexuell wild und laut, aber im Grunde suchen sie Annahme, Bestätigung und Zärtlichkeit. Sie bieten ihren Körper für etwas Aufmerksamkeit und Interesse feil. Sie putzen sich heraus und animieren erotisch-sexuell, aber sie brauchen zutiefst narzißtische Anerkennung und Bestätigung. Sie suchen nach der verlorenen Liebe und bleiben so immer unzufrieden und enttäuscht. Ein Mann kann daran verzweifeln, weil er glauben könnte oder gar vermittelt bekommt, daß er sie nur nicht richtig befriedigen könne.

Manche schimpfen schließlich auf Männer, die immer nur das Eine wollen. Sie suchen viel mehr das Vorspiel und wollen nach dem Geschlechtsverkehr noch längere Zeit kuscheln und gehalten sein, aber finden meist nur Männer, die schnell zur Sache kommen und sich nach dem Akt sofort umdrehen, ein Bier holen oder leicht angewidert eine Dusche brauchen. Bei einer lilithähnlichen Sexualisierung der

Beziehung sind häufiger auch Orgasmusstörungen bei der Frau oder Potenzprobleme beim Mann anzutreffen. Weil frau keine wirkliche Entspannung durch den Orgasmus findet, wird der Versuch fast süchtig wiederholt, oder weil mann «keinen hochkriegt» oder zu schnell kommt, kann frau sexualisierend protzen, da keine Gefahr besteht, daß sie wirklich gefordert werden würde.

Manche Frau verführt den Mann in der Maske einer Lilith, nur um schwanger zu werden. Hat sie ihr Ziel erreicht, erlischt nahezu schlagartig ihr sexuelles Interesse. Auch hier liegt keine wirkliche Eigenständigkeit und Lustfähigkeit vor, sondern der Mann wird benutzt, damit sie endlich ein Kind bekommen kann, das schon von vornherein als narzißtisches Selbstobjekt unbewußt gewollt und gebraucht wird: das Kind mit Plüschtierfunktion, das lebende Tamagotschi, dem nur noch die «Computerfunktionen» im Dienste der Befriedigung mütterlicher Bedürfnisse beigebracht werden müssen.

Pseudo-Liliths sind sexuelle Als-ob-Persönlichkeiten. Sie erleben keine wirkliche Lust, sondern sie machen Lust und kennen oftmals gar nicht den Unterschied zwischen Machen und Loslassen. Für frühgestörte, mutterfixierte Männer wird die Lilith-Hysterie zur Bühne des eigenen Lebensbetrugs. Sie glauben, tolle Liebhaber zu sein, fühlen sich dadurch narzißtisch aufgewertet, vielleicht sogar geliebt, aber sie müssen die private erotisch-sexuelle Show in aller Regel teuer bezahlen, indem sie dienen und bedienen müssen, gewissermaßen Gefangene ihrer Beziehung bleiben oder durch die sexuellen Ansprüche überfordert und schließlich gedemütigt werden. Funktionelle Beschwerden und psychosomatische Erkrankungen sind dann oft eine Gnade der Natur, sich dem verlogenen «sado-masochistischen» Spiel zu entziehen. Pseudo-Lilith und Macho sind das moderne Paar, das äußerlich toll drauf ist und innerlich immer unglücklich bleibt.

Nehmen wir Adam als den Prototypen des Macho, dann

verstehen wir auch die Probleme der männerdominierten Kulturen, die sich vor allem in der Unterdrückung der Frauen und in kriegerischen Einstellungen manifestieren. Adam muß andere kleinmachen, um sich selbst groß fühlen zu können. Indem er sich über die Frau erheben muß, verrät er seine Angst und Unsicherheit und seine versteckte Aggressivität und Feindseligkeit. Seiner Eva aber fehlen nicht nur die Lilith-Eigenschaften, sondern sie wird von Anfang an auch als Mensch degradiert, da sie nur aus einer Rippe von Adam geschaffen und vor allem auf eine Mutterrolle reduziert wird.

Ohne Lilith wird Eva zu einer Mütterlichkeit genötigt, die für sie selbst einseitig und überfordernd ist und auf das Kind letztlich verlogen wirken muß. Eva steht für ein Mutterbild Pate, das von allen destruktiven Ideologien gerne benutzt wird. Im nationalsozialistischen «Lebensborn» sollte die Mutter zur Produktion von Soldaten und zur Zucht von Ariern mißbraucht werden. Die in der sozialistischen Arbeitswelt heroisierte Frau blieb in der Realität ihres Alltags meist alleingelassen und wurde durch Zwei- und Dreifachbelastungen (Beruf, Partnerschaft und Familie/Kinder) sozial ausgebeutet.

Eva steht als eine Frau da, die untergeordnet, unterdrückt, mißbraucht und ausgebeutet wird, gleichzeitig aber auch verlogen heroisiert wird. Das heißt, Adam bezieht seine «Stärke» aus der Abwertung seiner Frau. Des Machos Männlichkeit ist also eine Pseudostärke, aufgebläht und demonstrativ, um die Selbstwertzweifel zu verbergen. Der Macho verrät sich an seiner betonten Männlichkeit: Wer hat den Größten? Wer ist überhaupt der Stärkste? Streitlust, handfeste Auseinandersetzungen, Prahlereien, Großspurigkeit, das Sich-beweisen-und-behaupten-Müssen, das Sich-unbedingt-durchsetzen-Wollen und nicht Nachgeben-Können prägen seine Verhaltensweisen. Leistung, Konkurrenz und Kampf werden zum Lebenselixier. Es wird agiert, um nicht zu fühlen. Der Aktionismus soll die Wahrnehmung vermeiden, und gefährliche Abenteuer werden gesucht, um überhaupt noch etwas erleben zu können, denn Sinne und Empfindungen sind verpanzert. Frauen werden benutzt, sie dienen vor allem zur narzißtischen Bestätigung. Sie müssen zu ihrem Macho aufschauen, ihn verehren und bestätigen, ihm dienen und gehorchen. Sie werden durch Kränkungen, Grobheiten, Drohungen und Abhängigkeiten gefügig gemacht. Der Macho beherrscht seine Gefühle, stählt seinen Körper, modelliert die Muskeln, fährt ein «dickes» Auto und strebt soziale Machtpositionen an. All das braucht er, um seine Bedürftigkeit zu verbergen, seine Schwäche zu kaschieren und seine Minderwertigkeit zu kompensieren. Er will sich selbst groß und stark sehen und benutzt dafür die gesellschaftlich gängigen und sanktionierten Mittel und Wege: Körperkraft, Geldmacht und autoritäre Sozialrolle. Der Macho muß siegen, sonst droht ihm der narzißtische Kollaps. Der Macho ist gierig, lüstern und arrogant, damit er seine Bedürftigkeit, Lustunfähigkeit und Selbstunsicherheit nicht zu spüren bekommt. Der Macho benutzt Sexualität, um die Frau abzuwerten und zu besudeln, er «bumst ab», die Vagina dient der Entsorgung seiner seelischen Verletzungen – oder er versagt im Bett, um das Risiko von Nähe zu vermindern und seine Partnerin zu demütigen. Die Impotenz zeigt sich hier als Verweigerung, erweist sich als Symptom früher existentieller Angst und haßvoller Verachtung. Der Macho hört nicht zu, sondern spricht, er ist nicht empathisch, sondern befiehlt, er wartet nicht ab, sondern handelt, er wägt nicht ab, sondern urteilt. Alles steht im Dienste des Schutzes der eigenen Selbstwertverletzung. Die Mutter wird dabei als Täterin nicht identifiziert, höchstens der Vater, am meisten aber: die anderen. Dabei sind die anderen Männer die ewigen Rivalen und andere Frauen die potentiellen Sklavinnen. Der Macho kämpft und leistet und prahlt, weil er sich nicht überlassen kann und nicht fühlen darf, ohne dabei seine frühen Verletzungen wieder erleiden zu müssen. Der Macho könnte sich nur durch Weinen heilen – wenn er seinen Mangel an Mütterlichkeit betrauern lernte, würde er stark, weil er seine Kräfte nicht mehr zur Unterdrückung seiner Wahrheit und zur Abwertung der Frauen vergeuden müßte, sondern zur Gestaltung seiner besten Möglichkeiten verwenden könnte.

III. Die dunklen Seiten der Mütterlichkeit

Der Lilith-Komplex, genauer gesagt, die Verleugnung des kinderfeindlichen Aspektes, ist eine wesentliche Quelle für Störungen der Mütterlichkeit. Es fällt schon vielen Müttern schwer, über die Last der Kinderbetreuung offen zu sprechen und eigene Bedürfnisse anzumelden – schnell werden sie als Rabenmütter denunziert. Aber zuzugeben, daß Kinder auch nerven und einen zur Verzweiflung bringen können, daß man sie hin und wieder verfluchen und sonstwohin wünschen könnte, das getraut sich kaum noch eine Mutter. Aber Wut auf störende Kinder, Ärger und Genervtheit über ihr Anspruchsdenken sind ebenso normal wie Trauer und Schmerz über kindliche Unglücke, Erkrankungen und den Verlust eines Kindes, wie es auch selbstverständlich sein sollte, sich über die Lebendigkeit, den Spaß und die Spontaneität von Kindern zu freuen. Fast jede Frau möchte eine gute Mutter sein und wird sich redlich bemühen, ihr Bestes zu geben. Aber sie gerät als Mutter in eine Extrem-Belastung. Kinderbetreuung ist ein «24-Stunden-Dienst», und zusätzlich möchte sie natürlich auch Frau und Partnerin sein und berufliche und eigene Lebensinteressen verfolgen. Sie wird auf ihre wichtige Aufgabe kaum vorbereitet. Es gibt zwar Schwangeren- und Geburtsvorbereitungskurse, aber keine Mutter-Seminare. Sie wird also ihre Mütterlichkeit vor allem von Erfahrungen mit der eigenen Mutter ableiten, es mitunter besser machen wollen, aber in aller Regel wenig Beratung, Unterstützung und Anleitung erfahren. Der unbewußte Lilith-Komplex, das christliche Mutterideal, die begrenzten subjektiven Erfahrungen und die völlig ungenügende soziale Unterstützung bringen die Mutter in eine verzweifelte Lage, in der sie in aller Regel den Bedürfnissen des Kindes gar nicht mehr gerecht werden kann. Und wenn sie dann als Frau für ihren

Partner unattraktiv wird und durch ihre Mutterschaft Nachteile in der beruflichen Entwicklung und sozialen Karriere erfährt, dann kann sie ihre Mutterfunktion nicht mehr gut und unbeschwert ausfüllen. Die Verleugnung dieser Verhältnisse führt zu falscher und verlogener Mütterlichkeit mit verheerenden Folgen.

Ich will im folgenden aus der Perspektive des Kindes Erwartungen an Mütter deutlich werden lassen, die für die frühe Entwicklung des Kindes von entscheidender Bedeutung sind. Dabei muß uns klarwerden, daß unter den vorherrschenden kulturellen und sozialen Bedingungen Kinder unweigerlich traumatisiert werden müssen und ohne Einsicht in diese defizitären Verhältnisse die Mütter in großer Gefahr sind, an einer für sie allein unlösbaren Aufgabe zu scheitern oder gar zu zerbrechen, wodurch wiederum die Kinder zuallererst zu Leidtragenden werden. Diese Mütterlichkeits-Anforderungen sollen uns veranlassen, für eine Sozialpolitik zu kämpfen, durch die Mütter größte Unterstützung erfahren können, und wir sollten dadurch sensibilisiert werden für ein gesellschaftliches Klima, in dem Mütterlichkeit als wesentlicher Wert geschätzt und entfaltet werden kann. Die wichtigsten Anforderungen an Mütter sind ihre Anwesenheit, ihre Einfühlung, die Befriedigungsfähigkeit, ihr Mut zur realitätsgerechten Begrenzung und ihre Hilfsfähigkeit zur emotionalen Verarbeitung von unangenehmen wie lustvollen Erfahrungen.

1. Die Mütterlichkeits-Anforderungen durch das Kind

Die Anwesenheit der Mutter Am Anfang erlebt sich das Kind symbiotisch-verschmolzen mit seiner Mutter. Es unterscheidet noch nicht zwischen sich selbst und der Mutter. Die Mutter gehört zu ihm, aus seiner Sicht ist die Mutter es selbst. Jede Entfernung der Mutter bedeutet Verlust der eigenen Existenz und ist wie der Tod. Ohne Mutter kann der Säugling nicht leben. Er braucht ihre Nahrung, Wärme, den Körperkontakt, er braucht ihren Schutz und ihre Bejahung seiner Existenz.

Es ist aber nicht nur wichtig, daß die Mutter sicher und zuverlässig für das Kind da ist, es geht auch um die Qualität ihrer Präsenz. Ist sie für die Bedürfnisse des Kindes empfänglich? Kann das Kind seine Mutter wirklich erreichen, und bekommt es adäquate Antworten? Versteht die Mutter, was das Kind will und braucht, und übersetzt sie dessen Erleben und Reagieren richtig? Das kann man etwas lernen und sich darin üben, wenn man das eigene Kind als Lehrmeister akzeptiert. Dazu allerdings muß die Mutter auch bereit und offen sein. Aber das Kind wird mit seinen Bedürfnissen die Mutter immer an ihre Grenze führen und ihr damit auch bittere Einsicht abverlangen. Deshalb sind wohl die meisten Mütter eher versucht, ihr Kind zu begrenzen und zu disziplinieren. Es wäre aber wesentlich besser für das Kind, wenn die Mutter um ihre Begrenztheit wüßte und diese annehmen und erklären könnte, ohne dem Kind Schuldgefühle zu machen.

Das Kind braucht also nicht nur die persönliche und körperliche Erreichbarkeit der Mutter, sondern auch ihre emotionale Berührbarkeit. Es geht um einen «Energiefluß» zwischen Mutter und Kind: Die Mutter «sendet» ihre Liebe, ihr Wohlwollen und Verstehen, und sie «empfängt», versteht, übersetzt und spiegelt des Kindes Lebensäußerungen. Sie dämpft das Schmerzvolle, ermutigt das noch Angstvolle und verstärkt das Lustvolle, so wie das Kind ihr Pein, Angst und Freude bringt und nimmt.

Die Anwesenheit der Mutter ist also räumlich, energetisch und emotional zu begreifen. Seelische Traumatisierungen können deshalb nicht nur durch Abwesenheit der Mutter verursacht werden, sondern auch durch desinteressierte, gestreßte oder abgelenkte, durch depressive, aggressive oder

46

auch gefühlsarme Mütter. Durch die Störungen, Behinderungen und Begrenzungen der Mutter erfährt das Kind eine leere, beziehungslose oder vergiftete Welt und wird später kaum Vertrauen, Hoffnung und Zuversicht erleben können. Wir dürfen andererseits auch nicht, z. B. im Streit um die Zuträglichkeit von Kinderkrippen, dem Denkfehler verfallen, daß die beständige Anwesenheit der Mutter automatisch die bessere Variante wäre. Es gibt durchaus Mütter, deren Gegenwart für ihr Kind so bedrohlich und ängstigend, also traumatisierend ist, daß die zumindest zeitweise Trennung von ihr, die Übernahme der körperlichen, seelischen und sozialen Betreuung des Kindes durch andere Personen, die bessere Lösung wäre. In diesen Fällen mag das Pflege- und Kontaktklima in manchen Kinderkrippen günstigere Entwicklungsbedingungen bereitstellen, als dies beziehungsunfähige oder aggressive Mütter tun können. Die Kinderkrippe ist also noch nicht automatisch die schlechtere Variante der Kinderbetreuung, obwohl sie zwangsläufig immer – auch unter besten Voraussetzungen und mit den einfühlsamsten Krippenerzieherinnen – traumatische Wirkungen durch die zu frühe Trennung von der Mutter auslöst. Die Anwesenheit der Mutter wird also qualitativ wesentlich auch durch ihre innere Einstellung und Haltung gegenüber dem Kind bestimmt, ohne daß sie selbst davon etwas wissen muß.

Die Einfühlung (Empathie) der Mutter Das Schicksal eines Menschen entscheidet sich wesentlich durch die Bereitschaft und Fähigkeit seiner Mutter, sich in seine frühe Bedürfniswelt, in die Reaktionsweisen und einmaligen Besonderheiten einfühlen zu wollen und zu können. Es geht um die alles entscheidende Frage, ist die Mutter für das Kind da oder umgekehrt? Eine klare Trennung dieser beiden Einstellungen ist natürlich nicht realistisch, es wird immer beides anzutreffen sein, also geht es um die überwiegende Tendenz. Dabei ist nicht so entscheidend, was die

Mutter real tut, sondern aus welcher inneren – vor allem unbewußten! – Einstellung sie handelt und was sie übermittelt.

Das ideale Beziehungsangebot an das Kind ließe sich vielleicht so formulieren: «Ich will dich, du bist mir willkommen, ich bin bereit herauszufinden, wer du sein willst und sein kannst und was du brauchst. Ich weiß dabei, daß meine Art zu sein, mit meinen Fähigkeiten und Fehlern, dich beeinflussen wird, aber ich bin zur Auseinandersetzung und Klärung bereit und bin bemüht, deine Andersartigkeit zu akzeptieren und mich davon berühren und beeinflussen zu lassen.»

Um das eigene Kind wirklich wahrnehmen zu können und verstehen zu lernen, braucht die Mutter eine gute Wahrnehmungsfähigkeit für sich selbst – und Toleranz für die eigenen Schwächen und Begrenzungen.

Das häufigste Schicksal von Kindern ist wohl eher, daß die Einfühlung ihrer Mutter geprägt ist von einer begrenzten Fähigkeit zur Selbstwahrnehmung. Damit beherrschen Einschränkungen, Verzerrungen und Abspaltungen das Verhältnis zum Kind. Die Mutter kann ihr Kind nur in dem Ausmaß wahrnehmen und fühlen, das sie sich selbst für ihre Eigenwahrnehmung zugesteht. Wenn sie zum Schutz vor bitterer Erkenntnis eigener Not und ungestillter Bedürfnisse die entsprechende Selbstwahrnehmung eingeschränkt hat, wird sie sich von einem gesunden und vitalen Kind in ihrer Abwehrhaltung gegenüber sich selbst zusätzlich bedroht fühlen und alles versuchen, das Verhalten des Kindes so zu steuern, wie sie es braucht beziehungsweise aushalten kann. Diese tragische – meist unbewußte Manipulation – kann durch keinen Ratgeber aufgelöst werden, sondern nur durch entsprechende, professionell begleitete Selbsterfahrung der Mutter über ihr eigenes Schicksal, die einhergeht mit einer angemessenen emotionalen Verarbeitung ihrer seelischen Verletzungen und Defizite.

48

Die Befriedigungsfähigkeit der Mutter Jeder und jede weiß und hat es erfahren, daß am Anfang des Lebens die Mutter die mächtigste Befriedigungsquelle darstellt. Das Kind erlebt sie zunächst als noch nicht von sich getrennt, sondern praktisch als zum eigenen Leben gehörende Befriedigungsselbstverständlichkeit.

Die Vertreibung aus diesem Paradies wird das Kind erst allmählich, in kleinen Schüben zur Kenntnis nehmen, akzeptieren und psychisch intakt «überleben» – was schließlich, bei gutem und zeitlich angemessenem Verlauf, zur Voraussetzung für die eigenständige Gestaltung des Lebens und die Fähigkeit zum selbständig herbeigeführten Lustgewinn wird.

Die Mutter stillt nicht nur mit ihrer Brust. Es geht um ihre prinzipielle Fähigkeit zu geben, also auch Wärme, Schutz, Sicherheit, Ermutigung und Trost. Sie vermittelt dem Kind durch eine lebensbejahende Grundhaltung auch Hoffnung auf bessere Zustände in Krisenzeiten. Und dadurch, daß sie lehren kann, unvermeidbares Leid zu akzeptieren und emotional zu verarbeiten, schenkt sie auch Glauben, daß unangenehme Situationen überwunden werden können. Natürlich geht es für das Kind um möglichst optimale Bedürfnisbefriedigung, und zwar sofort und vollständig und ohne Einschränkungen. Das Lustprinzip hat für das Kind keine Grenzen. Das beste, was ein Kind in der Auseinandersetzung mit der Realität erfahren kann, geschieht aus Liebe und Gesundheit der Mutter. «Liebe» heißt hier, dafür zu sorgen, daß es dem anderen gutgeht, ohne daß damit der Anspruch verbunden wird, für sich selbst Zuneigung und Anerkennung zu erhalten. Nicht selten bekommt ein Kind auch zu hören: «Das mache ich nur aus Liebe zu dir!» und wird sich damit belastet fühlen, denn wirkliche Liebe muß nicht betont werden.

«Gesundheit» meint eine psychosoziale Reife, aus der ohne Not gegeben, gehalten und freigelassen werden kann, indem die eigene Bedürftigkeit gestillt ist oder die eigene Unerfülltheit immer wieder emotional verarbeitet werden kann. Natürlich kann keine Mutter so voller Liebe und so vollständig gesund sein, daß sie im obengenannten Sinn zu einer permanenten optimalen Bedürfnisbefriedigung ihrer selbst und des Kindes in der Lage wäre. Das ist nicht das Problem, wenn sie bemüht bleibt, das ihr Beste zu ermöglichen und eigene Einschränkungen als ihr Problem erkennbar zu machen. Dann muß das Kind sich nicht als falsch, schlecht, überfordernd, unanständig und unangemessen fühlen, nur weil es seine Bedürfnisse anmeldet. Es kann seinen Frust hinausschreien, den Mangel beweinen und den Verlust betrauern und wird darin von der Mutter bestätigt: «Ja, so ist es! Leider bin ich nicht besser, oder leider kann ich dir nicht mehr geben! Und es ist in Ordnung, wenn du protestierst oder enttäuscht bist!» Damit wäre der Lilith-Komplex hinsichtlich des kinderfeindlichen Aspektes überwunden.

Die realitätsgerechte Begrenzung durch die Mutter Ich meine damit nicht die eben dargestellte zwangsläufige Begrenztheit jeder Mutter, sondern die notwendige Begrenzung, die eine Mutter dem Kind setzen und vermitteln muß. Es geht um Halt und Orientierung, um zeitliche Grenzen, um Beschränkungen, die das Kind vor von ihm noch nicht abschätzbaren oder verstehbaren Gefahren schützen sollen. Es geht um Grenzerfahrungen, die durch die Bedürfnisse und Rechte anderer Menschen, auch der der Mutter, entstehen und die das Kind zu akzeptieren lernen muß. «Begrenzung» bedeutet Kontakt und Kommunikation und zeigt erneut, daß einem das Kind sehr wichtig ist. Gerade in einer wohlstands- und wachstumsorientierten Lebensform können Fülle und Vielfalt, können unbegrenzte Möglichkeiten zur Bedrohung und Verwirrung führen, Verlorenheit und Orientierungslosigkeit provozieren. Es ist für keinen Menschen einfach, die eigenen Motive sofort zu verstehen, da immer viele unbewußte Beweggründe im

50

Spiel sind. So ist es auch für jeden schwierig, selbst gut genug zu verstehen, wann ein «Nein» aus Liebe und echter Sorge oder mehr aus eigener Begrenztheit ausgesprochen wird.

Wohin kann man heutzutage mit einem offenen, vitalen Kind gehen, ohne durch Vorwürfe, Ermahnungen oder gar Drohungen belehrt und eingeschränkt zu werden? Wie viele Anpassungen und Hemmungen müssen gesetzt werden, um in der Verwandtschaft akzeptiert zu bleiben? Wieviel Einschüchterung ist notwendig, um ein Restaurant zu besuchen? Wieviel Disziplin und Ordnung muß ein Kind mitbringen, um im Kindergarten akzeptiert zu werden, und wieviel Leistungswillen, um in der Schule bestehen zu können? Unsere soziale Realität ist an vielen Orten nicht mehr kinderfreundlich.

Die Qualität der Betreuung eines Kindes liegt nicht in dem, was man selbst für richtig hält oder was allgemein gefordert wird, sondern im Erspüren und Erfüllen, was das Kind braucht, und in der Fähigkeit zur emotionalen Verarbeitung der unvermeidbaren Begrenzungen.

Die sogenannten «frühen Störungen» entstehen also bei Abwesenheit der Mutter, aus Mangel an Einfühlung, bei Defiziten der Befriedigung und unterlassenen Begrenzungen, vor allem in den ersten drei Lebensjahren des Kindes. Mit anderen Worten: Früher Kontaktverlust, Beziehungsarmut und Beziehungsmißbrauch sind die wesentlichen Ursachen für erhebliche seelische und soziale Störungen, die oft erst im Erwachsenenalter deutlich werden. Ich spreche jetzt also nicht von den schwersten seelischen Traumatisierungen, die durch Abtreibungsversuche, tiefreichende Ablehnung des Kindes, durch brutale Gewalt, schwere Vernachlässigung, durch eine psychisch schwer gestörte Mutter, durch Aussetzen, Abgeben und Heimerziehung oder durch frühen Tod der Mutter entstehen und häufig auch schwere psychische Erkrankungen verursachen. Mir geht es hier um das «durchschnittliche», aber ungeheuerliche Elend einer sehr großen Zahl von Kindern in scheinbar intakten, wohlanständigen, materiell gesicherten und oft auch «christlichen» Familien unseres Landes in der Vergangenheit, heute und, wenn wir nicht zu wesentlicher Einsicht und Veränderung fähig sind, auch in der Zukunft. Da die frühen psychosozialen Verletzungen zu destruktiven gesellschaftlichen Katastrophen führen können, wenn eine Mehrheit der Bürger davon betroffen ist, muß uns gerade die eventuell pathologische «Normalität» oder «Durchschnittlichkeit» interessieren.

Um Mütterlichkeitsstörungen zu verhindern, müssen Mütter für ihre Präsenz, Empathie, Befriedigungsfähigkeit und das rechte Maß zur Begrenzung größtmögliche soziale Unterstützung erfahren und die Folgen des Lilith-Komplexes verstehen lernen.

2. Die unbewußten mütterlichen Antworten

Der Lilith-Komplex läßt Mütter, wie bereits gesagt, auf die Anforderungen und Erwartungen ihrer Kinder unbewußt mit Ablehnung reagieren. Wenn außerdem noch partnerschaftliche Konflikte und soziale Überforderungen dazukommen, die das Mutter-Sein erschweren, kann die unbewußt kinderablehnende Haltung ein erhebliches Ausmaß erreichen und wird deshalb zu einem für das Kind bedrohlichen Problem, weil ihm Auseinandersetzung verwehrt wird und eine Veränderung der Mutter und Korrektur ihres Verhaltens ohne Einsicht in die seelische Tiefe nicht gelingen kann.

Auf die Anforderungen der Kinder reagieren Mütter im Lilith-Komplex mit den ablehnenden Haltungen und Einstellungen:

52

- Sei nicht!
- Sei nicht anstrengend, sei nicht lebendig!
- Sei so, wie ich dich brauche!

«*Sei nicht!*» Wir müssen begreifen lernen, daß das unbewußt abgelehnte Kind wie mit einem Fluch behaftet ist, der als tragische Leitlinie das weitere Leben bestimmt. Die erfahrene grundsätzliche Ablehnung oder in Frage gestellte Daseinsberechtigung hinterläßt einen Menschen, der sein Leben lang verunsichert bleibt, keinen Sinn für sein Leben erfahren kann und ein Leben als Außenseiter, Ausgestoßener, Nicht-Gewollter, Nicht-Dazugehöriger fristen wird.

Er wird alle Verschiedenheiten als Bedrohung und kritische Fragen grundsätzlich gegen sich gerichtet erleben; er wird sich unbewußt stets so verhalten, daß er abgelehnt wird, nicht dabeisein soll, er macht sich prinzipiell unsympathisch und unerträglich. Er stört, nervt, macht sich eklig und stinkig. Ich denke dabei nicht nur an den hilflosen, besoffen-besudelten Alkoholiker, an den stinkig-verschmutzten und im stillen Vorwurf vor den teuersten Geschäften der Fußgängerzone liegenden Obdachlosen, an die demutsvoll ihr Elend zur Schau stellenden Bettler – die ihr inneres Schicksal wenigstens noch auf eine soziale Bühne der Anklage bringen können. Ich denke an jene Vielzahl von Menschen, die überall, wo sie sind, glauben, sie seien nicht gewollt und nicht berechtigt. Schon im Kindergarten stehen sie meist abseits, in der Schule werden sie gehänselt und verhöhnt, sie sind die Außenseiter, die Omegas, die Prügelknaben, die Heulsusen und unbeliebten Tussis – und keiner ahnt, daß ihr Aussehen und ihr Verhalten Symptome frühester und grundsätzlicher Ablehnung sind, die sich zu einer sozialen Gestalt ausgeformt haben.

Die Tragik liegt darin, daß die Urerfahrung von Nichtsein-Sollen eine prinzipielle Lebens- und Existenzunsicherheit hinterläßt, die unbewußt Ablehnung provoziert, um die innerste Erfahrung mit der gegenwärtigen Realität in Übereinstimmung zu bringen. Offenbar ist die erlebte und provozierte Bestätigung, jetzt nicht gewollt zu sein, besser auszuhalten als die Erinnerung an frühe Ablehnung. Wer für hier und jetzt Gründe und Beweise liefert, nicht liebenswert zu sein, der bestätigt damit seine tiefste Erfahrung, aber mit jetzt real nachvollziehbaren Erklärungen: Man ist jetzt wirklich schwer anzunehmen und auszuhalten. Wer aber aktuell gemocht wird und damit die ablehnende Urerfahrung Lügen straft, der würde damit seine Mutter entlarven und sich mit der lebensbedrohenden Erfahrung von damals konfrontieren: Ohne einen selbst zu verantwortenden Grund wurde man grundsätzlich abgelehnt – das ist eine praktisch unfühlbare Ungeheuerlichkeit.

In dieser Perspektive müssen wir Menschen verstehen lernen, die immer wieder Ablehnung provozieren, die sich schwierig geben und unausstehlich machen, die Ärger auslösen, Streit verursachen und keine Not haben, unbeliebt zu sein. Die mißmutigen Nörgler, die vorwurfsvollen Kritiker, die gereizten Stänkerer sind verdächtig, in ihrer Frühgeschichte Ablehnung erfahren zu haben, ebenso wie die unglücklichen Pechvögel, die ewigen Verlierer und vom Schicksal Gezeichneten. Und natürlich liegt bei vielen Depressiven und Suizidalen, manchem Unfallmenschen und destruktiv-chronisch Erkrankten eine frühe Ablehnung zugrunde, bei der die Erkrankung als Konflikt zwischen dem frühen Fluch und dem eigenen Lebenswillen verstanden werden kann.

Ich denke an Ramona, eine 33jährige, sehr weibliche und attraktive Frau. Als sie vor Jahren das erste Mal zu mir kam, erlebte ich sie mit ihrem Igel-Kurzhaarschnitt, ihrer sportlichen Kleidung und dem etwas burschikos-kumpelhaften Auftreten sehr jungenhaft. Wir wußten damals beide noch nicht, daß in diesem Habitus ihre Überlebenschance lag, geboren von einer Mutter, die in ihrer Weiblichkeit sehr unsicher und schwach geblieben war, dieses

Defizit aber durch monströse Hysterie zu kaschieren gelernt hatte und die Familie mit theatralischen Auftritten und erpresserischem Leid zu beherrschen wußte. Der Vater hatte sich allen Familienproblemen durch Arbeit und sportliche Aktivität entzogen. Er hätte lieber einen Sohn gehabt, gegenüber der Tochter verschaffte er sich durch kommandierte Leistungsanforderungen Respekt.

Ramona war von ihrer Mutter zutiefst angewidert und geängstigt, im väterlichen Feld fand sie wenigstens eine klare Orientierung und Bestätigung, wenn sie jungenhaft und sportlich war und gute Leistungen vorweisen konnte. Diese – ihr noch lange unbewußte Konstellation – kostete sie die Gebärmutter, die ihr wegen einer beginnenden Krebserkrankung entfernt werden mußte. So wurde sie selbst im Zentrum ihrer Weiblichkeit lebensbedrohlich beschädigt, hatte aber – Gott sei Dank – neben dieser somatisierten und symbolisierten Form des frühen Unglücks noch die Kraft zur seelischen Krise, zur depressiven Verzweiflung, die sie schließlich in die Psychotherapie führte. Wir konnten über Jahre das frühe Schicksal gemeinsam verstehen lernen, und sie fand immer mehr Vertrauen, auch die damit verbundene Panik und Verzweiflung zu fühlen. Ich erinnere eine Therapiestunde, in die sie mit agitierter Angst und suizidaler depressiver Verstimmung gekommen war und davon erzählte, daß ihr Freund sie gerade verlassen hatte, ihre Freundin unerreichbar für sie verreist war und sie von Verlassenheitsgefühlen überschwemmt wurde, verschlimmert noch durch Kreislaufschwäche-Anfälle, so daß sie fürchtete umzufallen, verbunden mit dem Panikgefühl, daß keiner sie finden oder sich um sie kümmern könnte.

In unserer therapeutischen Arbeit waren wir so vorangeschritten, daß ich es wagen konnte – körpertherapeutisch orientiert die sonst übliche analytische Distanz aufgebend – ihre suchende und nestelnde Hand zu fassen, was ihr offensichtlich half, ihre grundsätzliche Haltlosigkeit und Verlassenheit mit Todesangst herauszuschreien, um dann feststellen zu müssen, daß sie in ihrer Mutter nie Halt und Geborgenheit hat finden können, sie aber heute so weit sei, für die notwendige Verbundenheit und für Hilfsmöglichkeiten in ihrem Leben selbst zu sorgen.

«Sei nicht anstrengend, sei nicht lebendig!» Es gibt viele Kinder, deren Schicksal davon beeinflußt ist, daß sie zur «Unzeit» gekommen sind. Sie haben zwar durchaus Eltern, die ein Kind oder auch mehrere wollten, denen aber eine Schwangerschaft gerade jetzt noch nicht oder nicht mehr gelegen kommt. Da spielen das Alter der Eltern (zu jung, zu alt), Ausbildungsprobleme, Arbeitsplatzkämpfe, soziale Konflikte, Partnerschaftskrisen und sonstige Lebenspläne eine wichtige Rolle, die zum gegenwärtigen Zeitpunkt gegen ein Kind sprechen. Das Kind ist also zwar prinzipiell akzeptiert, aber im Augenblick gerade nicht willkommen. Es bringt Lebensplanungen durcheinander, bedroht die berufliche Entwicklung der Eltern, besonders der Mutter, deren Arbeitschancen verlorengehen, die ihre Ausbildung abbrechen oder das Studium aufgeben muß.

So wird das Kind mit Erwartungen der Eltern belastet, nicht anstrengend, nicht störend zu sein und möglichst keine eigenen Ansprüche zu entwickeln. Das Kind soll pflegeleicht sein, schnell eigenständig werden, brav, lieb und gehorsam sein, so daß die Eltern möglichst wenig Arbeit haben und von der Verfolgung ihrer Interessen nicht abgehalten werden.

Das Kind wird also von Anfang an mit dem Schicksal der Eltern belastet, wobei auch die jeweilige soziale und wirtschaftliche Krise der Gesellschaft dem Kind mit aufgebürdet wird. Das Kind wird mehr oder weniger offen verantwortlich gemacht für die elterlichen Schwierigkeiten und Mißerfolge. Die gerechte Empörung gegen soziale Ungerechtigkeit wird verwandelt in ungerechte Vorwürfe gegen das Kind. So kann ein Kind letztlich zum Symptomträger der elterlichen und sozialen Konflikte werden.

Daß ein Kind keine eigenen Ansprüche entfalten soll, entsteht auch dann, wenn eine Frau das Kind nur will, um ihren Partner an sich zu binden oder um sich als Mutter narzißtisch aufzuwerten, und mit dem Kind Bedeutung und Macht erlangen will. Aber es gibt auch Männer, die Kinder wollen, um ihre Frau in eine häuslich-untertänige Eva-Existenz zu zwingen. Sie wollen damit ihre neurotische Machtposition erhalten und ausbauen, indem sie ihre Partnerin durch Mutterschaft belasten und von sich abhängig machen.

Wenn das nicht gewollte Kind ein Leben lang an seiner Daseinsberechtigung zweifelt, so leidet das nicht willkommene Kind an schwerwiegenden Schuldgefühlen, lebt mit der niederdrückenden Überzeugung, falsch und fehlerhaft zu sein (ich bin schuld, daß es den Eltern finanziell so schlecht geht, daß Mama ihr Studium nicht abschließen konnte, keine Arbeit hat, daß Vater uns verlassen hat, daß Papa trinkt oder so gewalttätig ist). Die Störungen der Eltern, die sozialen Konflikte und gesellschaftlichen Fehlentwicklungen gerinnen so zu innerseelischen Konflikten. Der nicht willkommene Mensch hält sich für den unglücklichen «Atlas», der die Last der Welt zu tragen hat und nur gebeugt durchs Leben gehen kann. Er wird viel Lebensenergie aufbringen, um doch noch willkommen geheißen zu werden, durch gesteigerte Leistung versuchen, Abbitte zu tun, um damit das Unglück seiner Eltern auszugleichen. Auf diese Weise kann man sogar zum begeisternden Unterhalter, erfolgreichen Entertainer, beliebten Star, zum allseits anerkannten Leistungsträger werden, ohne dabei jedoch zur Ruhe zu kommen, ohne am jetzt selbst erworbenen Erfolg gesunden zu können. Das Bemühen um soziale Anerkennung betäubt in diesem Fall nur das Grundgefühl, eigentlich nicht willkommen zu sein.

«Sei so, wie ich dich brauche!» Vom Schicksal einer übermäßigen Anpassungsnötigung an den Willen und die Vorstellungen der Eltern bleibt wohl kein Kind verschont. Daß Kinder elterliche Führung brauchen, daß sie auf Rat, Beratung und selbst Belehrung angewiesen sind und daß Kinder elterliches Verhalten umfassend für ihren Halt und zur Orientierung imitieren lernen, gehört zur normalen Entwicklung. Dabei sind zwangsläufig die Qualität der Rat-

schläge und die Klarheit, Verständlichkeit und die Realitäts-angemessenheit des elterlichen Vorbildes wesentliche Wirk-faktoren für die Entwicklungschancen des Kindes.

Aber viele Eltern wollen unbedingt ihre Vorstellungen durchsetzen und erwarten, daß ihre Kinder so werden wie sie selbst. Sie haben unbewußt große Angst vor einer anderen Lebensweise und können ihren Kindern nicht gestatten, was sie sich selbst nicht erlauben. Ihre Ablehnung kindlicher Spontaneität und eigenständiger Wege ist das Resultat der ihnen selbst mühsam abgerungenen Einengung und Gehemmtheit. Ihre Kinder sollen nicht zur Bedrohung ihrer Abwehr werden, was von den Kindern eine Gleichschaltung mit den Meinungen und dem Verhalten der Eltern fordert. Dabei wächst das Maß der kindlichen Entfremdung und Verstörung mit der Kluft zwischen seinen natürlichen Bedürfnissen und den einengenden elterlichen Forderungen.

Das Kind braucht Eltern, die seine Bedürfnisse akzeptieren, seine Reaktionen ernst nehmen und den Gefühlsausdruck verstehen und gelten lassen. Unter diesen Bedingungen könnte ein Kind so sein und werden, wie es ist, gemäß seiner Anlagen und Möglichkeiten bei Berücksichtigung seiner Grenzen und Behinderungen. Es könnte mit seinen Möglichkeiten in dieser Welt sein, es könnte angemessen reagieren und Einfluß nehmen und sich anpassen und einordnen lernen. Sein So-Sein bliebe dynamisch, bezogen und (emotional) lebendig! Aber die Wirklichkeit sieht für die meisten Kinder leider anders aus: Die Eltern pressen das Kind in ihre Vorstellungen, mißachten die Reaktionen und reagieren genervt und mit Verboten auf die Gefühlsäußerungen. Das Kind verliert den Kontakt zu sich selbst und muß lernen, sich überwiegend nach den Eltern zu richten. Es wird seine natürlichen Reaktionen zu hemmen und zu verstecken lernen und muß mit einem falschen Selbst die Eltern beruhigen oder begeistern. Sie nehmen die Reaktionen der Eltern zum Maßstab und glauben «richtig» zu sein, wenn sie deren Erwartungen gut abgespürt und erfüllt haben. Sie können sich nur noch «geliebt» fühlen, wenn sie ihre Seele verkauft haben. Das Kind muß sich für seine Eltern «prostituieren», sein So-Sein wird verfälscht, bleibt abhängig, fixiert auf elterliche «Gesetze» und verliert an Lebendigkeit. Die Eltern freuen sich schließlich über ein Kind, das ihnen gleicht oder ihre Erwartungen trägt, ohne zu ahnen, zu welch traurigem Schicksal sie ihr Kind verbogen haben. Selbstentfremdete Kinder bleiben von äußeren Angeboten abhängig, zu allem verführbar, weil sie den Kontakt zu sich selbst aufgeben mußten. Damit sind sie schwer behindert, mündige Bürger mit originären Meinungen zu werden. Oder sie leben von den ihnen aufgenötigten Fähigkeiten und sind dann meist ehrgeizig, überheblich, egoistisch, vertragen keine Kritik und sind zu Veränderungen und neuen Einsichten kaum fähig.

Werden viele Kinder in ihrem So-Sein in spezifischer Weise entfremdet, wachsen daraus bei entsprechendem Einfluß schließlich auch politisch wirksame Mehrheiten, die die Entwicklung der Gesellschaft bestimmen.

IV. Die Störungen der Mütterlichkeit und ihre individuellen Folgen

Daß eine Mutter ihr Kind nicht gewollt haben, daß sie es ablehnen könnte, daß es nicht willkommen sei oder vor allem für die Mutter dasein möge, das sind bittere Realitäten, die kaum öffentlich zugegeben werden können. Für das erwünschte Selbstbild einer guten Mutter und für die soziale Anerkennung müssen Mütterlichkeitsstörungen verschleiert werden. Der Lilith-Komplex findet eine breite gesellschaftliche Unterstützung. Die daraus resultierende unehrliche und falsche Mütterlichkeit vermehrt das Unglück der Kinder.

1. Falsche Mütterlichkeit

Die falsche Mütterlichkeit besteht vor allem darin, daß eine Mutter um ihr Kind bemüht ist, es auch bestens versorgen kann, von Liebe spricht, diese auch zu empfinden vermeint und dennoch etwas ganz anderes will und bewirkt, was ihr selbst jedoch keineswegs bewußt ist oder von ihr wahrgenommen wird: Sie glaubt sogar ganz fest, für ihr Kind ganz dazusein, sein Bestes zu wollen, und ist doch in Wirklichkeit mehr um die Befriedigung der eigenen Bedürfnisse bemüht. Vielleicht braucht sie das Kind für sich, um sich als Mutter zu bestätigen, denn das gehört zu ihrem Selbstverständnis, zu ihrem biologischen Drang und zur gesellschaftlichen Verpflichtung. Aber sie hat nicht wirklich erfaßt, was Mutter-Sein bedeutet und wie sie Mutter sein kann, weil ihr selbst eine gute Erfahrung und Identifikation fehlt. So mißversteht sie auch das Kind als ihr Eigentum, sie wähnt sich als die Lebensspenderin, die Dank und Anerkennung verdient – und bleibt damit im eigenen narzißti-

60

schen Bestätigungswunsch befangen, dringt nicht zur Liebe durch, weil sie ihrer selber noch bedarf. Sie ist in diesem Fall mit sich beschäftigt, mit ihrer Sehnsucht und Not, so daß sie nicht frei genug ist, um wirklich bei ihrem Kind und dessen Bedürfnissen zu sein. Sie erfüllt ihre Aufgabe pflichtgemäß, und das kann durchaus sehr bemüht und aufopferungsvoll sein, vollgestopft mit guten Ratschlägen, erlerntem Pflege- wissen und Erziehungsnormen, die aus voller Überzeugung als gut und richtig von ihr und anderen akzeptiert sind und so ohne Bedenken angewendet werden.

Das Verhängnisvolle liegt also darin, daß eine solche Mutter ein sehr gutes bis großartiges Selbstbild von ihrer Mütter- lichkeit besitzt, darin von ihrer Umwelt auch voll bestätigt wird, gleichzeitig aber keine Wahrnehmung mehr von ihrer eigenen tiefen Bedürftigkeit hat und nicht zu erkennen ver- mag, wie sie ihr Kind als Lückenbüßer und zur Kompensa- tion für ihr gestörtes Selbstwertgefühl braucht. Ihr tiefes Drama bleibt unbewußt, ihr bewußtes Verhalten wird von ihr selbst falsch eingeschätzt und von einer «mutterlosen» Umwelt überschätzt. Das erkennbare äußere Bemühen, die Mehrfachbelastungen einer Frau für Haushalt, Familie und Beruf werden so in den Mittelpunkt gerückt, daß die Mutter – je nach Perspektive – als Heldin oder Opfer erscheint. Weil dies auch real stimmt, wird gerade deshalb die unbewußte Dynamik unerkennbar. Wer könnte einer so redlich bemüh- ten und häufig überforderten Mutter falsche Mütterlichkeit vorwerfen?

Das Kind gibt der Mutter eine Aufgabe, verleiht Bedeu- tung, lenkt ab, beschäftigt sie unablässig und hilft ihr damit, den Blick nach innen zu den eigenen Problemen zu vermei- den. Das Kind erfüllt hierin einen durchaus unbewußten Auftrag der Mutter. Denn die insgeheim vor allem mit sich beschäftigte Mutter verweigert den wirklichen Kontakt: Das Kind erreicht nicht wirklich ihren Blick, es wird nicht gespiegelt oder muß sogar den traurigen mütterlichen Ge- sichtsausdruck – den die Mutter selbst gar nicht bemerken muß – verarbeiten. Ihre Angst oder Enttäuschung, ihre Bedürftigkeit und Sehnsucht überträgt die Mutter unweigerlich mit jeder Geste, mit jeder Bewegung, bei jedem Kontakt. Da nützt auch eine bewußte Kontrolle nichts, weil sich die mütterliche Befindlichkeit unbewußt übermittelt, so daß im Gegenteil eine aufgesetzte Zugewandtheit und Zufriedenheit die Verwirrung des Kindes nur noch steigern würde. Denn dann würde es zwei widersprüchliche Botschaften empfangen: verbal die Zuwendung und nonverbal die Ablehnung. Der Befindlichkeit der Mutter, ihrer Stimmung, ihrem psychoenergetischen Zustand kann das Kind nicht entkommen. Das Kind wird von der Mutter «infiziert», so daß es allmählich zu ihrem Abbild wird. Bei einer traurigen oder angstvollen Mutter erfährt sich das Kind auch bald als traurig und angstvoll. Und ein wenig später – noch bevor es der Sprache mächtig ist – wird es sich als Verursacher des mütterlichen Leides erleben. So nimmt das Kind die gestörte Mutter in sich auf und lebt diese Störung mit. Oder es wird sich zunehmend als schuldig erleben und kann sein ganzes Leben lang verzweifelt bemüht sein, allen unglücklichen «Müttern» dieser Welt ein wenig Freude bringen zu wollen. Wie viele Menschen in Helferberufen gehen diesen anstrengenden Weg und sorgen unbewußt auf tragische Weise vor allem dafür, daß ihre Klienten und Patienten abhängig und bedürftig bleiben, damit sie an ihnen fortsetzen können, was sie bei ihren Müttern lernen mußten. Die Hilfsbedürftigkeit der leidenden Menschen ist die herausfordernde Versuchung, durch angestrengtes Bemühen erfolgreich sein zu wollen und «mütterliche» Anerkennung zu bekommen. Wie viele Männer erschöpfen sich im rastlosen Bemühen, ihren Frauen Freude und Erleichterung bereiten zu wollen, und merken gar nicht, wie sie sich selbst darin depotenzieren, stets auf der Suche nach der entgangenen Mutterliebe. So leben viele als «Sonnenschein», «Helfer», «Retter», «Ritter» und «Prinz» ein Leben lang im Dienste der mütterlichen Bedürftigkeit.

Falsche Mütterlichkeit bedroht das Leben, die Lebendigkeit und die Individualität des Kindes, belastet sie und schränkt sie ein, wird aber als Liebe, Fürsorge und notwendige Anpassung dem Kind vermittelt.

Falsche Mütterlichkeit lehrt die Kinder:

- Ohne mich bist du nichts!
- Du brauchst mich doch!
- Du machst mir Sorgen!
- Du bringst mich noch ins Grab!
- Du machst mich ganz glücklich.
- Du bist mein ein und alles!
- Wenn du nicht wärst, hätte ich Vater schon längst verlassen.
- Deinetwegen nehme ich mir keinen neuen Mann.
- Deinetwegen habe ich auf meine Karriere verzichtet.
- Deinetwegen habe ich mich nicht umgebracht.
- An dir wäre ich fast gestorben.
- Wenn du das ... machst, bist du für mich gestorben.

Eine verlogene Mütterlichkeit führt zu einem aus eigener psychischer Not entstandenen narzißtischen Mißbrauch des Kindes durch die Mutter. Dabei wird die Abhängigkeit des Kindes zur dienstbaren Quelle für ihre Bedürfnisse und Zwecke. Das Kind fühlt sich dadurch zunehmend belastet und überfordert, ohne verstehen zu können, was ihm geschieht. Es wird vielleicht widerspenstig, entwickelt Ekelgefühle, mag sich von der Mutter nicht mehr küssen und kuscheln lassen, wischt sich die Spuren ihrer Küsse angewidert heimlich wieder ab. Es will sich entfernen und sich ihrem Einfluß entziehen, dabei wird aber gleichzeitig der Wunsch nach Nähe und die Sehnsucht nach mütterlicher Zuneigung frustriert, und Mutters offene oder versteckte Vorwürfe:

- das wirst du doch nicht deiner Mutter antun,
- du kannst mich doch nicht allein lassen,
- da werde ich aber traurig sein,
- dazu kann ich dir nicht raten,
- das schaffst du ja doch nicht,
- sei nur vorsichtig, das ist ganz gefährlich,

tun ein übriges, damit «Hänschen-Klein» sich besinnt und nach Hause läuft, geschwind.

Als Erwachsene werden solche Kinder vielleicht

- angstvoll auf jede Reise gehen,
- Streit suchen, um sich vom Partner entfernen zu können,
- häufig «gern schon etwas eher» nach Hause kommen wollen,
- keine eigenständigen Entscheidungen ohne schlechtes Gewissen treffen können,
- vor jeder neuen Aufgabe oder unbekannten Situation unsicher zögern,
- sich selbst wenig zutrauen,
- keinerlei Vergnügen an ungewohnten Erlebnissen empfinden können und schon bei einem harmlosen Ausflug alle möglichen Risiken vorweg phantasieren.

Solche Allerwelts-Einschüchterungen und Einengungen, die das Leben erschweren und allmählich auch zermürben können, werden nur ganz selten als mütterliche Besetzung erkannt. Um den subtilen Einfluß von Müttern erkennbar zu machen, seien hier beispielhaft noch einige häufige Beziehungskonstellationen genannt, aus denen deutlich werden kann, wie unmerklich und doch mit lebenslanger Wirkung beeinflußt werden kann:

- Mutter hat mich umarmt und wollte immer etwas von mir!
- Ich fühlte mich oft wie ausgesaugt, wenn Mutter

immer alles von mir wissen oder an meinen Erlebnissen teilhaben wollte.

- Mutter hat eine Wärmflasche in mein Bett gelegt, statt mich zu wärmen (Fürsorge, die mangelnde Liebe überdeckt!).
- Ich habe immer viel Süßes in mich hineingefressen, das mir auch reichlich angeboten wurde.
- Mutter hat sich meinetwegen geschämt. Alles, was ich gemacht habe, war ihr peinlich («Mit dir kann ich mich ja nirgendwo sehen lassen!»).
- Mutter sagte: Du wirst ja sowieso nicht alt, du wirst Krebs bekommen, wie wir alle.
- Mutter sagte: Das geht bestimmt schief! Das schaffst du nie!
- Mutter hat tagelang nicht mit mir gesprochen (um meine Zuneigung zu erzwingen, bis ich mich wieder um sie bemüht habe).
- Mutter sagte immer: «Ich kümmere mich um dich, ich liebe dich!» – aber ich habe es nie gefühlt!
- Wenn ich weinte, kam eine Glucke, und ich war weg! Mutter hat mir alle Gefühle weggetröstet.
- Wenn ich hinfiel, bekam ich ein Bonbon und sollte mich beruhigen, weil es doch nicht so schlimm sei.

Beispiele dieser Art können unendlich fortgesetzt werden. Sie machen deutlich, wie beschädigte Lebenseinstellungen der Mütter übermittelt werden, mit der verhängnisvollen Wirkung, daß Kinder die eingeengte Weltsicht oder die gestörten Erfahrungen ihrer Mütter übernehmen müssen, in ihrem Bann fixiert bleiben und sich – gewollt oder nicht – in den Dienst der Mutter stellen oder ständig bemüht bleiben müssen, sich vor ihr zu schützen – selbst wenn sie schon längst woanders wohnt oder sogar schon tot sein sollte. Die Entwicklungs- und Lebensbedingungen einer Mutter, ihre Charakterstruktur und Persönlichkeitsstörungen lassen sie zur Täterin an ihren Kindern werden, wenn sie nicht realisieren kann, daß ein Kind eine eigene Persönlichkeit ist mit ganz einmaligen Entwicklungslinien, die sie wahrnehmen, bestätigen und befördern müßte. Dabei aber würde sie sich zwangsläufig selbst verändern und entwickeln müssen, ihr So-Sein in Frage stellen, ihre Begrenzungen und Behinderungen, ihre möglichen Fehleinschätzungen erkennen und akzeptieren lernen und dem Kind verständlich machen können, daß ihre Lebenserfahrung und Lebenseinstellung nicht unbedingt auch für ihr Kind gut und angemessen sein müssen.

Ewald schleuderte nach etwa einem Jahr Therapie mit verzweifelter Empörung den Satz heraus: Die verdammten «liebenden» Mütter! Er hatte sich mühevoll aus seiner schuldgefühlsbeladenen Fixierung auf die Mutter befreit. Er hatte sich immer für ihr Wohlbefinden verantwortlich gefühlt, das nur zu erhalten war, wenn er in ihrer Nähe blieb, ihr alles von sich erzählte und sich von ihr versorgen ließ. Er war zu einem Mann herangewachsen, der sich selbst nichts zutraute, allein mit sich nichts anzufangen wußte und sich immer wieder durch Vernachlässigung von Aufgaben und Pflichten abwertende Kritik holte. Sein Grundgefühl war: Ich bin nicht gut genug! Er hatte sich schließlich eine Frau gewählt, von der er sich nicht entfernen durfte, die ihn mit Erwartungen und Vorwürfen terrorisierte, bis er sich schließlich mit Fehlleistungen und depressiven Einbrüchen an ihr rächte.
In der Therapie gelangte er zu der Erkenntnis, daß seine Mutter ihre «Liebe» zu ihm als ein Schutzschild benutzt hatte, um ihre kinderfeindlichen Anteile nicht zugeben zu müssen und die berechtigte Enttäuschung und Wut ihres Sohnes in «Liebe» zu ertränken. Durch ihr Liebesargument war er entmachtet worden.

Die Mutter vermittelt Leben, sie ist das Tor zum Leben, aber sie schafft das Leben nicht. Wenn eine werdende Mutter an narzißtischer Bedürftigkeit, an einem ungestillten Bedeutungshunger leidet, dann bekommen die Lasten von

Schwangerschaft und Mutterschaft und das Mysterium der Geburt eine große Verführungskraft, sich als Mutter selbst zur Lebensschenkerin aufzubauen und über das Leben des Kindes zur eigenen Stabilisierung verfügen zu wollen.

Die Grenze zwischen Leben befördern oder abtöten liegt genau in der innersten Verfaßtheit der Mutter, wie sehr sie sich für ihr Kind zur Verfügung stellen kann oder das Kind für sich braucht.

Liebe heißt freilassen. Liebe bedeutet, für den anderen zu sorgen, für dessen Wohlergehen, und das kann etwas ganz anderes sein, als einem selbst guttut. Viele Menschen sind verliebt oder glauben zu lieben, wenn sie einen Menschen finden, der ihnen Gutes tut. Sie mögen ihn oder sie nur wegen der erfahrenen Zuwendung und Zuneigung, mit der sie innere Defizite aufzufüllen hoffen – dies geschieht vielleicht aus der Liebesfähigkeit des Spenders, begründet aber noch lange keine Liebe beim Empfänger. Dafür hat die deutsche Sprache auch das Wort «ver-liebt» zur Verfügung.

Eine liebesfähige Mutter wird die Bedürfnisse ihres Kindes wahrnehmen und zu stillen bereit sein, sie wird die Andersartigkeit ihres Kindes entdecken und respektieren, und sie wird die Ablösung des Kindes von ihr unterstützen.

Die bedürftige Mutter wird das Kind als ein Teil von sich wahrnehmen, über den sie verfügen darf, sie wird aus der Existenz des Kindes für sich Nutzen ziehen wollen, sie wird dem Kind beibringen, daß es für das Wohlergehen der Mutter verantwortlich sei, sie wird es an sich binden und nur so sehen und akzeptieren, wie es nach ihrer Vorstellung sein soll. In späteren Analysen erkennen davon Betroffene innere Einstellungen, die durch Mutters Einfluß entstanden sind und ihr Leben auf furchtbare Weise belasten: «Sei für mich da, sonst bist du für mich gestorben!» «Sei so wie ich, sonst kann ich dich nicht akzeptieren!» «Bleib bei mir, oder du wirst unglücklich!»

Die Lebendigkeit des Kindes ist die Bedrohung für die Unlebendigkeit der Mutter. Die Freiheit des Kindes rüttelt an den Gitterstäben ihrer Unfreiheit. Also müssen Lebendigkeit und Freiheit des Kindes gezügelt und kontrolliert werden, damit die Mutter ihre Entfremdung nicht fühlen muß. Die ungestillte Bedürftigkeit der Mutter macht sie zum Vampir an ihrem Kind. Der Frust, das Leid, das Unglücklichsein der Mutter, die seelischen Folgen aus der eigenen unverstandenen und unbewältigten Lebensgeschichte, das sind die Ingredienzen, mit denen sie ihr Kind belastet und seine Lebendigkeit erstickt.

Ich denke an Christine, die nach einem Suizidversuch erkennen mußte, daß die meiste Aufmerksamkeit ihrer Mutter dem toten Kind gegolten hatte, das 2 Jahre vor ihr tot geboren worden war, und sie folgerichtig schließen mußte: «Nur tote Kinder sind gute Kinder.» So lernte sie, sich abzutöten, unlebendig zu werden, sich zu vermauern, vom Leben zurückzuziehen, Kontakte zu vermeiden, um bei ihrer Mutter eine Chance zu haben, etwas Aufmerksamkeit und Interesse zu finden. Die Totgeburt hatte das Leben ihrer Mutter grundlegend verändert, die in ihrer Trauer verharrte. Vielleicht hat sich in dieser Tragik etwas von ihrer eigenen frühen Lebensbedrohung reaktiviert. Die Mutter jedenfalls hat das Drama nicht verarbeitet und so an ihre Tochter weitergegeben.
Für Christine hatte in der Therapie das Wort «unerhört» eine befreiende und heilende Wirkung. Nachdem sie den «tödlichen» Einfluß ihrer Mutter auf ihr Leben begriffen und ihr damit verbundenes Unlebendigwerden verstanden hatte, hat sie bestimmt hundertmal das «unerhört» in die Welt geschrien und mich zum hörenden Zeugen ihrer tiefsten Not werden lassen.

Man kann sicher gut verstehen, daß bei einer Mutter, die selber nie genug Liebe und Bestätigung erhalten hat, dann, wenn sie selbst ein Kind bekommt und nun dessen Bedürfnisse erfüllen soll und möchte, ihre eigene frühe Mangelerfahrung unweigerlich reaktiviert und dann unbewußt an das Kind weitergegeben wird. Es wird dann auch nicht gut genug versorgt, weil vielleicht eine Depression der

Mutter das Interesse am Kind lähmt oder weil eine Mastitis (Brustdrüsenentzündung) das Stillen unmöglich macht, weil ein erkranktes Geschwisterkind mehr Zuwendung fordert, weil eine unglückliche Ehe die Mutter belastet usw. Viele Mütter reagieren in diesem Zusammenhang auch überkompensierend, indem sie nun gerade eine perfekte Mutter sein wollen und sich aufopferungsvoll um das Kind bemühen. Sie wollen geben, was sie selbst nie bekommen haben. Das mag sie ehren, kann auf Dauer aber nicht gelingen ohne eine Zufuhr für die Mutter, die das Manko ausfüllen soll. Sei es der Dank, der dann vom Kind erwartet wird, seien es jetzt besondere Zuwendungen, die der Partner bringen soll, seien es immer mehr Sozialleistungen, die erwartet werden, oder eine wachsende Neigung zu fragwürdigen Mutterschaftsverehrungen («Muttertag»!) und -ideologien.

Das Geben mit leeren Taschen ist nur denkbar, wenn der Mangel leidvoll gefühlt werden kann – Empörung, Schmerz und Trauer über das eigene Schicksal praktisch «geerdet» werden und sich damit ein Zugang wieder eröffnen kann zu den unerschöpflichen Quellen, die über Mutter und Vater weit hinausführen und uns allen als Liebesfähigkeit mit dem Leben schon gegeben sind.

2. Muttervergiftung

«Muttervergiftung» ist die Seuche unserer Zeit. Das furchterregende Wort stand eines Tages im Therapieraum einer Gruppe, als das Ausmaß belastender, das Leben vergiftender Einflüsse durch Mütter als etwas Unfaßbares und Ungeheuerliches erkannt und als praktisch Unverdaubares regelrecht ausgekotzt wurde.

Die rasant wachsende Zahl an Ernährungsstörungen in unserer Zeit (Fettsucht, Magersucht und Bulimie) bekommt in unserer Arbeit mit dem Begriff der «Muttervergiftung» eine symbolische Erklärung, welche immer wieder sehr

schmerzhafte, letztlich aber befreiende Erkenntnisse eröffnet, welche Entstehungsgeschichte die Eßprobleme haben.
Besonders für die Bulimie ist die «Muttervergiftung» als eine
Bezeichnung für das «Gift», das dem Kind mit und über
Nahrung verabreicht wird, eine sehr hilfreiche Metapher, da
dann auch das Erbrechen nach Nahrungsaufnahme einen
tieferen Sinn bekommt, nämlich als natürliche Schutzreak-
tion auf «vergiftete» und «ungenießbare» Nahrung, von der
sich der Mensch befreien muß, um zu überleben. Dann
braucht man sich «Nahrung» und «Ernährung» nur noch im
übertragenen Sinne vorzustellen, wie ein Kind eben auch
seelisch und sozial «ernährt» werden will und darin anfangs
genauso abhängig von der mütterlichen Zuwendung ist wie
von ihrer Brust. Wenn die Mutter schon beim Stillen eigene
Bedürfnisse übermittelt, die für das Kind eine Überforderung sind, dann «vergiftet» sie bereits mit ihrer Milch den
Säugling. Aber auch wenn sie nicht stillen will oder kann –
weil sie nicht gut abgeben kann – und viel zu früh auf künst-
liche Nahrung umstellt, dann reagieren viele Babys ganz angemessen mit Erbrechen und Ernährungsstörungen, nicht
etwa nur, weil sie die Babynahrung noch nicht vertragen
würden, sondern weil ihnen die notwendige «Einverleibung»
der Mutter vorenthalten wird. Das Erbrechen und der
Durchfall des Säuglings sind der dem Kinde mögliche Protest gegen den viel zu frühen Ersatz für die Mutter oder gegen ihre unverdaulichen Zumutungen. Nach unseren therapeutischen Erfahrungen scheint der frühe Nahrungsersatz
später mit der Tendenz zu oralen Ersatzbefriedigungen
(Fressen, Saufen, Rauchen) zu korrelieren, als wenn grundlegender Mangel durch «Genußmittel» kompensiert werden
könnte. Dieser Irrtum wird schon deshalb leicht zur Sucht,
weil in all den süßen, fetten und berauschenden Mitteln
eben keine Spur von Mutter enthalten ist, sondern nur der
Schein, dem man aber nur allzu gerne folgt, um die trübe
Wahrheit zu überstrahlen. Übrigens auch kein Wunder, daß
die Freß-Brech-Sucht im Osten Deutschlands erst nach der

Wiedervereinigung in nennenswerter und wachsender Zahl auftritt. Nicht etwa wie naive Westler glauben könnten, weil es erst nach der Wende reichlicher zu essen gäbe. Nein, am Essen hat es in der DDR wirklich nicht gemangelt. Aber die westliche Lebensform stellt höchst verführerische Versuchungssituationen zur Verfügung zu glauben, daß man durch Haben, Besitzen und Sich- Einverleiben frühen Muttermangel ausgleichen könne. Die Bulimiker des Ostens kotzen sich das «Muttergift» aus dem Leib, das der westliche Markt ihnen auf Schritt und Tritt als Waren in allen schönen Farben und aufs wundersamste verpackt wie «Schnuller» aufdrängt und verkauft. Die Warenfülle eignet sich hervorragend, den Muttermangel nicht zu spüren und statt dessen verlogene Suggestionen gierig zu verschlingen.

Ich denke an Jochen und die mütterliche Enge, in der er aufwuchs: die ewige Nörgelei und gereizte Unzufriedenheit der Mutter, für die er sich verantwortlich glaubte und die deshalb seine Expansivität gebremst hatte, womit er in der einengenden DDR recht gut leben konnte, ohne in größere Konflikte damit zu geraten. Die repressiv-marode Struktur der DDR-Gesellschaft war eine hervorragende Projektionsfläche für die verstörte Seele und ein gnädiges Gefängnis für das schon längst geknebelte Leben. Seine Not wurde erst im marktwirtschaftlichen Deutschland aktiviert. Als er lernen sollte, expansiv zu sein, sich darzustellen, anzubieten und auf dem Markt zu verkaufen, als er konkurrieren und sich aggressiv behaupten sollte, kam er in Konflikt mit seiner Muttervergiftung in Form schuldbeladener Gehemmtheit. Er begann zu trinken, um seine Angst zu betäuben und seine Hemmungen zu überwinden. Er trank sich ins Koma und überlebte nur knapp nach mehreren Wochen Intensivmedizin, die ihn in jeder Hinsicht neu bemutterte und mit Schläuchen für alle Lebensfunktionen die «Nabelschnur» wiederherstellte, die ihn überleben ließ. Lieber wollte er tot sein, als sich vom mütterlichen Gift (du bist schuld, daß ich so unglücklich bin) zu befreien. Mit Alkohol konnte er sein Schicksal symbolisch reinszenieren, bis er

entgiftet werden mußte. Jetzt lebt er als Invalidenrentner und Di-
abetiker, hat sich wieder ein bescheidenes und abhängiges Leben
organisiert, das die Versuchung, aufzuleben, begrenzt, die «Gift-
mischerin» schützt und sich auch den Verheißungen der neuen
hexenmütterlichen Strukturen: streng dich an, damit ich dich aus-
beuten kann, wirkungsvoll entzieht. Mit dem Zwang der Zucker-
krankheit, streng auf Zeitplan und Nahrungsmenge zu achten,
bleibt er aufs engste mit der Funktion seiner Mutter verbunden,
über die sie Macht über ihn gewonnen hatte. Das Essen stand im
Zentrum ihres Lebens, es war die wichtigste Befriedigungsquelle
für sie, und als Köchin gab sie ihre unerfüllten Sehnsüchte weiter,
weshalb sie tief gekränkt reagierte, wenn ihre Speisen nicht ange-
nommen oder aufgegessen wurden. So gesehen, war ihr Essen mit
Gift gewürzt.

Die Wurzeln jeder Muttervergiftung liegen in der
grundsätzlichen Einstellung der Mutter zu ihrem Kind. Ist
die Mutter für das Kind da, oder soll das Kind der Mutter
dienen? Liebt sie ihr Kind (ist sie wirklich liebesfähig?), oder
braucht sie die Liebe ihres Kindes? Opfert sich die Mutter
ihrem Kind, oder macht sie das Kind zum Opfer ihrer Bedürftigkeit? Daß sich eine Mutter «opfert», ist nicht so he-
roisch gemeint, wie es vielleicht klingen mag. Die therapeutischen Erfahrungen haben uns gezeigt, daß es zur mütterlichen Lust gehört, wirklich für ein Kind dasein zu dürfen,
daß dies als Bereicherung erlebt werden kann und nicht als
Anstrengung oder Verlust erfahren werden muß. Die Kinder, die soviel Mutter bekommen, wie sie auch gebraucht
haben, können sich auch leichter verselbständigen. Dagegen können die Kinder, für deren Mütter «opfern» eine Last
war, sich auch nie richtig ablösen, weil sie immer noch –
meist insgeheim und mit Recht! – meinen, etwas stehe ihnen noch zu. Und die Tragik ihres Lebens entsteht dadurch,
daß sie zwar recht haben, aber ihr Recht nicht – nie und
nimmer – bekommen.
«Muttervergiftung» ist die Folge einer Doppelbotschaft der

Mutter an ihr Kind: «Ich bemühe mich gern um dich!» und «Das ist mir alles zuviel! Ich brauche auch etwas von dir!» Das Kind kann noch nicht das Problem der Mutter erkennen und verstehen. Es wird glauben und fürchten: Ich bin der Mutter zuviel! Das Kind wird sich also selbst bezichtigen, es wird die Realität leugnen, seine Wahrnehmung zurückziehen und einengen in einem unendlichen Bemühen, die Mutter irgendwie entlasten zu wollen. Die Anstrengungen und Leistungen, die Kinder dafür erbringen, auf einen Haufen geworfen, hieße, alle Weltwunder unserer Menschheitsgeschichte zu Legosteinen zu machen.

Eine Mutter kann sich auf vielfache Weise durch ihr Kind belastet, ja sogar bedroht erfahren. Die Versorgungspflicht, die Befriedigungsforderung, das Geben-und-bringen-Müssen, das Dasein-Sollen sind Herausforderungen höchsten Anstrengungsgrades. Sich mühevoll einfühlen, Leid und Schmerz entgegennehmen, Wut aushalten, unbändige Lebensfreude und saftige Lebenslust bejahen, das alles braucht eine kraftvolle, stabile und gesunde Mutter in sozial gesicherten Verhältnissen und in belebender Partnerschaft und hilfreichen Freundschaften. Also, ein unerreichbares Ideal! Ja, aber deshalb nicht falsch, sondern eine Orientierung für einen Weg, der wesentlich über die Zukunft einer Gesellschaft entscheidet.

Das Problem der «real existierenden Mütter» sind nicht ihre Mängel an sich, sondern wie sie mit ihren Begrenzungen und Behinderungen, ihren Nöten und Schwierigkeiten umgehen. Können sie ihre eigenen Grenzen und Schwächen ehrlich kommunizieren und damit das Kind mit ohnehin unvermeidbarem Leid konfrontieren, das durch angemessene Gefühle ausgedrückt und damit verarbeitet werden könnte, so daß das Kind daran nicht krank werden muß? Kann die Mutter sagen: Ich mag jetzt nicht! Mir ist das zuviel! Ich bin jetzt für dich nicht frei. Es tut mir leid! – und kann sie die angemessene Reaktion des Kindes auch aushalten und akzeptieren? Denn das Kind wird – ja muß, wenn es noch ausreichend gesund ist – traurig und enttäuscht über seine Mutter sein und sie bestimmt auch beschimpfen. Es hat aus seinem Erleben damit recht! Damit würde ihm die Vergiftung seiner Lebendigkeit erspart bleiben, wenn es also nicht Einsicht haben und Rücksicht nehmen müßte mit der «armen Mutter». Wieviel öfter aber müssen Kinder hören: «Sei still, geh weg! Laß mich! Stör mich nicht! Du bist unmöglich! Du bist ungezogen! Du mußt doch einsehen und verstehen!» Die Wahrheit aber wird fast nie gesagt: «Ich mag nicht. Ich stehe für dich nicht zur Verfügung. Ich bereite dir Leid, und es ist in Ordnung, wenn du weinst!» Wenn Mütter ihren wahren Zustand (auch vor sich selbst) verbergen, dann vergiften sie mit Erwartungen und Ansprüchen, mit Lug und Trug das Kind, das noch keine wirklichen Chancen hat, sich dieser Gefahr zu entziehen. Natürlich, es kann krank werden, Verhaltensstörungen entwickeln, sich in sich oder sonstwohin zurückziehen, sich verweigern, um den Einfluß der Mutter abzuwehren oder wenigstens abzuschwächen, um ihr zu entkommen, was in aller Regel aber die Anstrengungen der bedürftigen Mutter nur noch weiter entfacht.

Das Kind in all seiner Bedürftigkeit ist der Mutter – auf Gedeih und Verderb – ausgeliefert, es richtet sich mit all seinem Begehren, mit all seinen Sinnen auf diese eine Person, um ihr abzuspüren, wie sie erreichbar und als Befriedigungsquelle nutzbar ist. Und eine in ihrer eigenen Entwicklung bedürftig gebliebene Mutter – die in ihrer Identität, in ihrem Selbstwert nicht ausreichend bestätigt ist, wird dem Kind unweigerlich Signale übermitteln, was das Kind tun oder lassen solle, um ihr die schmerzlichen Erfahrungen ihres Mangels zu ersparen oder um ihr Leben etwas anzureichern und aufzuheitern. So seltsam das klingen mag: Das Kind kann schon als Baby auf diese Weise zur «Mutter» seiner Mutter mißbraucht werden. Das Kind wird vergiftet mit Zuschreibungen, Beschuldigungen, Hoffnungen, Erwartungen, Ängsten, Wünschen, Bedrohungen – und ist natürlich damit hilflos überfordert, geängstigt und eingeschüchtert, es wird sich als schuldig und unzureichend erleben. Es kann nicht wissen und verstehen, daß sein Leben nicht wirklich die Ursache für den Zustand der Mutter ist.

Der Lilith-Komplex – der gestörte oder unterdrückte Selbstwert, die behinderte Lustfähigkeit und die verleugnete Kinderablehnung – führt nahezu zwangsläufig zur Muttervergiftung, zur Vergiftung des Mutter-Kind-Verhältnisses durch Mißbrauch und Lüge.

Veronika hat sich in langer mühevoller Erinnerungsarbeit ein Bild von ihrer Mutter erarbeitet, das diese als dominante, rechthaberische, stets gereizte und tyrannische Frau zeigt, die eiskalt und streng alles bei ihrer Tochter ablehnte, was nicht ihren Vorstellungen entsprach. Den Vater hat sie zwar gutmütiger und wärmer erlebt, aber (offenbar selbst schwer muttervergiftet) seiner Frau gegenüber abhängig und unterwürfig, er hat im Streitfall nie seine Tochter vertreten oder beschützt und sich meist in seine Arbeit geflüchtet.
Zu ihrem größten Entsetzen hatte Veronika feststellen müssen, daß ihre Mutter nie in Kontakt mit ihr war: «Sie hat mich nie angesehen! Manchmal wußte sie meinen Namen nicht und verwechselte ihn. Sie hat nie gespürt, was mit mir ist. Sie konnte nicht zuhören, sondern hat nur auf mich eingeredet. Ich hatte eine Sicht der Welt, die ausschließlich durch die Einstellung meiner Mutter bestimmt war. Ich weiß noch gar nicht, wie die Welt wirklich ist.»

Roswitha kam in einer depressiven Krise, sie war völlig verzweifelt über den Suizid ihres Ehemannes und jammerte: Das kam völlig unverwartet, keiner weiß, warum. Es war alles in Ordnung. «Wir waren doch immer zusammen.»
Sie ahnte noch nichts von der Muttervergiftung und wußte natürlich auch nichts vom gleichen Zustand ihres Mannes, und in

der partnerschaftlichen Umklammerung haben beide nur in Szene gesetzt, was sie an Muttersehnsucht und Muttervergiftung unerkannt und ungefühlt in sich trugen. Der Selbstmord war so gesehen der höchst aggressive Befreiungsschlag gegen mütterliche «Vergiftung» und zugleich die schlußendliche Verwirklichung des mütterlichen Fluches («Sei nicht! Lebe nicht! Lebe nicht für dich!»).

Myriams Mutter hatte die Familie durch Leiden und Klagen beherrscht. Mit ihren Beschwerden war sie ständiger Mittelpunkt, und alle mußten sich auf ihr Befinden einstellen. Das Maß aller Familienaktivitäten mußte sich an ihren Möglichkeiten orientieren. Keiner hatte je gewagt zu sagen: Mutter, du nervst! Was du nicht willst oder kannst, ist deine Sache. Du bist nicht der Maßstab aller Dinge! Auch der Vater hatte sie nie gefordert oder gewagt, ohne sie seinen Möglichkeiten und Wünschen nachzugehen. Vermutlich war seine Muttervergiftung Grund genug, seine Frau im neurotischen Sumpf der Ersatzleiden allmählich versinken zu lassen.
Myriam schrie in einer Stunde auf: «Sie hat mich hinab ins Grab gezogen. Mutter hat mich um ihre und meine Lebensfreude betrogen. Sie hat mich mit ihrem ewigen Gejammere vergiftet.»

Susanne war nach einem schweren Reitunfall in Behandlung gekommen, da sie die Vermutung hatte, daß der Unfall weder schicksalhaft noch zufällig passiert sei, sondern irgend etwas mit ihrem Leben zu tun haben könnte. Sie hatte noch im Stürzen denken müssen: Das geschieht dir recht. So mußte es ja kommen. In der Analyse der Beziehung zu ihrer Mutter war bald erkennbar, daß sie immer etwas Besonderes für Mutter sein sollte, nur dadurch hätte sie Mutters Aufmerksamkeit und Anerkennung gewinnen können. «Ich wurde von ihr ständig vorgeführt. Ich mußte niedlich aussehen. Ich sollte etwas aufsagen. Ich sollte mich immer bedanken.» Die Mutter schaffte sie in eine Ballettschule, ließ sie Musikinstrumente lernen, sie sollte in den «eleganteren» Sportarten (Reiten, Segeln, Tennis) erfolgreich sein, und in der

Schule war sie sowieso immer die Beste! Wochenlang rang Susan-
ne damit, daß sie nichts Besonderes mehr sein wollte, bis sie erlö-
senden Zugang dazu fand, daß sie schon längst jemand Besonde-
res, Einmaliges, Unverwechselbares ist, ohne dafür erst besondere
Leistungen vorweisen zu müssen.

Die Folgen der Muttervergiftung Muttervergiftete
Menschen fühlen sich schuldig – ohne schuld zu sein. Und
sie verhalten sich schließlich so, daß sie real schuldig werden.

Muttervergiftete leben im Banne der mütterlichen
Zuschreibungen, die sie sich allmählich auch zu eigen ge-
macht haben:
- Ich bin nicht gut genug.
- Ich bin nichts wert.
- Mich mag eh keiner.
- Mich hält niemand aus.
- Ich bin schmutzig, sündig.
- u. a. m.

Die Tragödie für das damit vergiftete Kind liegt darin, daß es zunehmend bemüht sein wird, daß Mutter recht
behält und sich ihre Einschätzung real erfüllt. Man macht
sich schmutzig oder unwert, das gezeigte Verhalten ist lästig,
ekelerregend, abstoßend. So kann man sich schließlich bestätigen, daß man wirklich nicht liebenswert ist. Der zuge-
dröhnte Süchtige, der vollgekotzte Säufer, der stinkende
Obdachlose, die Punks, Skins und Hooligans als Bürger-
schreck – sie provozieren die reale Ablehnung, sie müssen
sich immer wieder beweisen, abstoßend zu sein, damit die
unfaßbare, unverständliche frühe Abwertung irgendwie gefaßt und verstanden werden kann. Auf diese Weise bleibt
die Mutter geschützt, die tiefe Wahrheit bleibt verborgen,
denn sonst müßte man ihre Fehleinschätzungen erkennen,
was man als Kind bestimmt nicht überlebt hätte. Und auch

heute, wenn einem die ganze Wahrheit bewußt würde, wären die frühen Panikgefühle auch wieder aktiviert.

Im Märchen von Hänsel und Gretel ist in der Hexe die böse, dämonische Mutter symbolisiert, die den Hunger der Kinder dazu benutzt, um sie in ihre Gewalt zu locken. Sie will die Kinder für sich haben, sie will sie nicht freilassen und mit «fressender Mutterliebe» für ihre Bedürfnisse verschlingen. Es wird auch der Wunsch der Kinder erzählt, in einem versorgten Haus zu verweilen, in dem die lockende Hexe eine – wenn auch trügerische – Geborgenheit verspricht. Die Kinder müssen sich selbst befreien, indem sie die Hexenmutter vernichten. Es gibt keinen leichteren Weg. Es geht um den Mut, die Hexe zu töten – oder das eigene Leben geht im Hexenbann verloren.

Wenn ein Mensch sich schuldig fühlt, dann unternimmt er Anstrengungen, um das vermeintliche Versagen in Ordnung zu bringen, um seine angeblichen Fehler zu bereinigen, und macht sich damit lästig und aufdringlich und wird mit seinen unbegründeten Bemühungen, mit seiner Beflissenheit und Dienstbarkeit, mit seinem Helferwillen zum Terroristen, der andere gefangennimmt, für sich in Beschlag nimmt oder nicht freilassen kann. Muttervergifteten ist keine menschliche Nähe möglich, ohne größte Angst (bis zur Todesangst!) zu erleben. Sie fürchten – ganz tief verborgen –, daß sie wieder «vergiftet» werden könnten, wenn sie sich auf eine nähere Beziehung einlassen würden. Die angstvollen Phantasien kreisen um «mütterliche» Einflüsse und Bedürfnisse, denen sie sich nicht entziehen können, mit denen sie aber auch so überfordert und belastet werden, daß ein eigenes Leben nicht mehr möglich ist. Sie werden darauf achten, was sie für andere tun sollen, sie spüren nur noch die fremden Bedürfnisse, da sie die eigenen verkümmern lassen mußten, sie hören Kritik wie ein Todesurteil und beziehen gereizte, ablehnende, genervte, unzufriedene

Gesten – wem diese auch gelten mögen – auf sich. Natürlich begehren sie innigste Nähe, werden sich aber bei drohender Annäherung so unausstehlich, schwierig und zickig verhalten, bis der Partner/die Partnerin sich enttäuscht und angewidert abwendet, und damit wird das Vergiftungsdrama vollendet: Mutter hatte die Nähe vergiftet, der Muttervergiftete gibt mit seinem Verhalten das «Gift» schließlich weiter, das der Dritte abfängt, der stellvertretend für Mutter damit bestraft wird. Der Vergiftungszustand ist damit auch – zugegeben auf perfide Weise – in Szene gesetzt mit der unbewußten Hoffnung, daß endlich die Tragödie erkannt und aufgelöst werde.

Muttervergiftete erfahren oft, immer dann, wenn es ihnen mal gutgeht, daß etwas Unangenehmes passiert – ein Unfall, ein Unglück, eine Krankheit – und damit wird symbolisiert, daß Gutes nie ohne «Gift» zu haben war.

Muttervergiftete werden Opfer von Mutterideologien: Sie hängen einem Marienkult an, vergessen keinen Muttertag, legen großen Wert auf Förmlichkeiten gegenüber Frauen à la Knigge: Sie reißen die Tür für Frauen auf, lassen diesen den Vortritt, tragen ihre Einkaufstasche, spielen den Helfer, Beschützer und Bediener und merken gar nicht, welche Abwertung und Verachtung gegenüber Frauen gerade in dieser betonten Zuvorkommenheit ausgetragen wird.

Muttervergiftete wissen nicht, wer sie wirklich sind. Sie leben im Auftrage und mit den Auflagen ihrer Mutter. Sie sind abhängig, ideologisiert bis fanatisch. Auch wenn sie real geängstigt, unsicher und gehemmt sind, werden sie die «Mutterwelt» bis zum letzten verteidigen, entschuldigen, verklären. Ihr vergiftetes Leben soll das «wahre» und einzig richtige Leben bleiben, von dessen schädlichem und weiter schädigendem Einfluß sie nichts wissen wollen. Sie leben ein entfremdetes Ersatz- oder Sekundärleben, das sie bis in jede Zelle eingeimpft bekommen haben, und bemühen sich bis zur Erschöpfung und kämpfen bis in den Tod in der Hoffnung, Mutter doch noch glück-

lich machen zu können. Sie sind einerseits rigide und un-
belehrbar, was ihren Vergiftungszustand angeht, und andererseits leichtgläubig und verführbar, wo die Hoffnung
keimt, daß sie bei Mutter oder einer mütterlichen Instanz
etwas gewinnen, Bestätigung und Anerkennung erfahren
könnten. Sie sind die Mitläufer und Mittäter, die den giftigen und vergifteten Zustand einer Gesellschaft ausfor-
men und – wenn es für richtig befunden wird – in den
Krieg ziehen und töten. Millionen Unschuldige lassen
sich leichter töten, als der armen, bemitleidenswerten,
das Leben und die Lebendigkeit vergiftenden Mutter er-
kennend ins Auge zu schauen.

Das klingt ungeheuerlich. Das ist ungeheuerlich. Und ist
erst dann wirklich zu verstehen, wenn sich die existenzbe-
drohende Panik und der mörderische Haß der vergifteten
Seelen in einem schützenden sozialen Rahmen zu zeigen
wagen. Wir müssen verstehen lernen, daß solche ab-
grundtiefen Affekte aus früher Bedrohung unbewältigt in
Menschen schlummern, bis sie sich selbstzerstörerisch
nach innen über Krankheiten oder destruktiv nach außen
über soziale Gewalt entladen. Der Vergiftungszustand ist
die Quelle für latente Angst und für versteckte Paranoia,
denn schließlich ging es ja um die eigene Lebensberechti-
gung, die im tiefsten Herzen ungewiß geblieben ist. Dies
ist der seelische Abgrund, der Feindbilder braucht, um
sich die dumpf gefühlte innere Bedrohung erklärbar zu
machen.

3. Muttermangel

Muttermangel steht für einen Mangel an Mütterlichkeit, der räumlich, zeitlich und beziehungsdynamisch un-
terteilt und verstanden werden kann. Wir haben es also mit
Ereignissen und Erfahrungen zu tun, die sich aus folgenden
Stichpunkten erschließen lassen:

- die tote Mutter,
- die Pflege- oder Ersatzmutter,
- die zeitlich und räumlich abwesende Mutter (durch Berufstätigkeit, durch Krankheit, durch andere Pflichten und Aufgaben, z. B. Geschwister),
- die Mangelmutter.

In den ersten drei Lebensjahren des Kindes ist die Mutter die wichtigste Bezugsperson in jeder Hinsicht – durch nichts und niemanden wirklich zu ersetzen und ohne Schädigung des Kindes auch nicht zu kompensieren. Die Zeit der «sozialen Frühgeburt» ist erst nach etwa drei Jahren beendet. In dieser Zeit der wesentlichen Strukturbildung der Persönlichkeit bilden sich ganz basale Fähigkeiten von Welterfahrung heraus: Urvertrauen oder Urmißtrauen, Gewißheit oder Zweifel, Selbstsicherheit oder Selbstunsicherheit, Selbstbewußtsein oder Minderwertigkeitsgefühle. Auch die Wurzeln für Sinnerfahrung, Beziehungsfähigkeit und Realitätsbezug gegen Sinnlosigkeit, Kontaktangst und Irrationalität entfalten sich in dieser Zeit. So entscheidet die Mutter auf das nachhaltigste über die Zukunft ihres Kindes. Sie sollte also in dieser Prägungsphase am besten immer präsent sein und nur das Kind entscheiden lassen, wenn dieses sich mal von seiner Mutter zurückziehen oder entfernen möchte. Ich bin bei der Einschätzung dieser optimalen Forderung natürlich kein Utopist, der nichts von den vielfachen, ganz realen und zwangsläufigen Einschränkungen der mütterlichen Anwesenheit wüßte, aber dennoch bleibt die Bedeutung der mütterlichen Präsenz davon unbeeinflußt und muß wenigstens genannt werden, um nicht vorzeitig alle möglichen persönlichen Ausreden und gesellschaftlichen Fehlentwicklungen zu billigen. Die sozialen Bedingungen sollten diesen Gegebenheiten der menschlichen Natur angenähert werden, und nicht umgekehrt. Wenn sich der Mensch in seiner Frühzeit immer abnormer werdenden Bedingungen ausgesetzt erfährt, wird er als Erwachsener die

Pathologie der Gesellschaft vermehren und keinerlei Fähigkeit haben, zu ihrer Gesundung oder gesunden Weiterentwicklung beizutragen.

Die größtmögliche Verfügbarkeit des Kindes über seine Mutter, der freie Zugang zur Brust, sie jederzeit körperlich «besitzen» und emotional erreichen zu können – das sind die Ideale. Abstriche davon sind unvermeidbar, und der Umgang damit soll Inhalt des Kapitels «Bedeutung der Gefühle» werden. Natürlich wird in jedem Einzelfall darüber zu diskutieren sein, ob eine sehr gestörte Mutter nicht doch besser durch eine andere Pflegeperson oder durch Betreuung in einer Kinderkrippe ersetzt werden sollte – wenn diese Möglichkeit besteht. Dies wäre sicher in manchen Fällen zu bejahen, doch der Traumatisierung des Kindes durch den Verlust an «leiblicher» Mütterlichkeit ist damit auch nicht zu entgehen. Die innere Verbindung zur leiblichen Mutter dürfte durch so viele «Bande» geknüpft sein – durch das Erbgut und die angeborenen Instinkte, durch die Schwangerschaft und die Geburt, durch das «Energiefeld» der frühen Verbundenheit –, daß eine zu frühe Trennung von ihr immer eine schwere Verlusterfahrung bedeutet, auch wenn die Betreuungsmöglichkeit durch eine andere Person «objektiv» besser ist.

Wir müssen den Muttermangel neben der realen Abwesenheit der Mutter vor allem auch als innerseelisches Defizit von Mütterlichkeit begreifen. Ich spreche also von Müttern, die innerlich nicht bei ihrem Kind sind, nicht sein können oder sein wollen.

Die überforderte, gestreßte, durch Aufgaben und Pflichten übermäßig belastete Mutter wird wenig Freiraum und Geduld haben, sich in die Erlebens- und Bedürfniswelt ihres Kindes einzufühlen.

Die Mutter steht nicht als Energiequelle zur Verfügung, sondern sie ist schon überlastet, ausgeschöpft und verlangt eher Schonung, als daß sie benutzt werden könnte. Ihre Milch versiegt vorzeitig, ihre Aufmerksamkeit erlahmt, ihre Geduld ist geschwächt, ihr «Spiegel» wird matt, und die lustvolle

Lebenserkundung wird ihr zur Last. Am liebsten möchte sie in Ruhe gelassen werden, sie sehnt sich nach Entlastung und Unterstützung, sie ist froh und erleichtert, wenn das Kind endlich schläft oder abgegeben werden kann.

Und im Kind wird die Urerfahrung fixiert: Ich bin lästig, ich bin zuviel, ich bin anstrengend, ich darf nicht verlangen – ich bin nichts wert –, es wird eine Anspruchslosigkeit, Bescheidenheit, Selbstabwertung und Selbstverleugnung erzeugt, die später vielleicht eine karitative Tätigkeit oder einen Helferberuf ermöglichen kann, nicht aber ohne Depressivität und Schuldhaftigkeit gegenüber eigenen Ansprüchen und nicht ohne eine wesentliche Behinderung an Lebendigkeit, Lust und Genußfähigkeit zu hinterlassen.

Noch häufiger und in den Wirkungen verheerender ist der Muttermangel infolge ungenügender Mutterfähigkeit. Ich spreche von Müttern, die anwesend sind, objektiv auch nicht überlastet sind, aber abgespalten von Mutterinstinkten und Muttergefühlen leben. Ihre schädigende Wirkung auf das Kind ist deshalb so groß, weil das gespürte Defizit dem Kinde nicht verständlich werden kann, denn die Mutter ist ja da, sie hat genügend Zeit und ist vielleicht sogar um das Kind bemüht, aber erreicht es nicht wirklich. Kind und Mutter leben aneinander vorbei. Die Mutter fühlt nicht, was das Kind braucht. Sie ist entweder unsicher und unbeholfen, oder als gebildete Frau holt sie sich Rat in Büchern und Kursen. Sie will oft genug eine gute Mutter sein, sie sucht dafür intellektuelle Lösungen, sie ist vom Kopf her sehr bemüht, aber sie fühlt es nicht, sie reagiert nicht aus dem Bauch und vom Herzen her auf ihr Kind. Sie ist vom eigenen «inneren Kind» abgespalten, das selbst ein schwer verletztes oder verlassenes ist. Sie hat ihre eigene traurige Geschichte verdrängen müssen und gerät durch das eigene Kind, durch dessen Bedürftigkeit und Lebendigkeit in Gefahr, an schmerzvolle Einschränkungen und Defizite erinnert zu werden. Was kann tragischer sein, als wenn das eigene Kind zur Bedrohung wird! Bedroht werden die mühevoll errichteten Schutzmechanismen, die kultivierte Abwehr, die der Mutter geholfen haben – meist ihre Rationalität, ihre Intellektualität, ihre Geschäftigkeit, ihre Zwanghaftigkeit, ihre Religiosität und Moralität –, die eigene Mutterverarmung oder Muttervergiftung auszugleichen oder zu regulieren – jetzt aber wird ihr Kind zum entschiedenen Feind dieser Abwehr. Es kommt ein Kampf zwischen Mutter und Kind in Gang – der um Leben und Tod gehen kann –, bis das Kind der Unlebendigkeit seiner Mutter geopfert ist, oder die Mutter kommt in eine existentielle Krise, die vielleicht als Wochenbettpsychose, postpartale Depression oder langfristig depressive Entwicklung, als Zwangsneurose, vielleicht auch mit zwanghaften Verletzungs- und Tötungsgedanken gegen das Kind oder durch eine Vielzahl möglicher psychosomatischer Erkrankungen in Erscheinung tritt und die wirklichen Zusammenhänge damit verschleiert:

- *Monika konnte keine Schere und kein Messer mehr anfassen, weil sie fürchtete, ihr Kind zu erstechen.*
- *Jutta konnte ihr Kind nicht mehr auf den Arm nehmen, weil sie Angst hatte, es fallen lassen zu können oder vom Balkon zu werfen.*
- *Agnes war eine Frau, die nach der Geburt ein Ekzem an ihren Händen entwickelte, damit konnte sie ihr Kind nicht mehr berühren, baden und streicheln.*
- *Veronika wurde apathisch-depressiv, wollte ihr Bett nicht mehr verlassen, konnte die notwendige Pflege ihres Kindes nicht erfüllen und brauchte Hilfe.*
- *Karin besuchte Kurse und las viel über Säuglingspflege, um zu erfahren, wie oft und lange sie stillen sollte, wann und wie sie ihr Kind «trocken» bekommen könne, welches Spiel wann für das Kind gut sei u. a. m.*
- *Bärbel reagierte auf jedes Zeichen des Unwohlseins ihres Babys mit dem Schnuller und einer spürbaren Irri-*

tation, so daß sie die schnellste Beruhigung des Kindes erreichen wollte.

Die Liste solcher Beispiele ist unendlich. Psychologische Ratgeber und Wissensvermittler, Mütterberatung, Stillpläne, Sauberkeitserziehung, Förderpläne sollen ersetzen, was an natürlicher Mütterlichkeit verlorenging oder nicht entwickelt werden durfte, und so werden auch ganz vernünftige Empfehlungen zum Terror für das Kind, weil Richtiges noch nicht Eingefühltes ist und Allgemeines noch nicht Individuelles beantwortet.

Ich sehe ein Meer aus unglücklichen Tränen von Menschen, die nach einem Plan und nicht nach ihrem Bedürfnis gestillt wurden, die auf den Topf gezwungen wurden, weil die Mutter ihren Sauberkeitsvorstellungen folgen wollte, aber nicht dem Entleerungsrhythmus ihres Kindes, die Mutter mit Leistungen stolz machen sollten, mit den eigenen Bedürfnissen die Mutter aber in Verlegenheit brachten, die Opfer von Erziehungsvorschriften wurden: Schreien kräftigt die Lungen! Laß ihn weinen und brüllen, bis er erschöpft ist, sonst wird er verwöhnt! Jungens weinen doch nicht! Sei keine Heulsuse, sei tapfer, beiß die Zähne zusammen, das ist doch nicht so schlimm! – und tausend andere Überzeugungen, die für das Kind zur brutalsten Gehirnwäsche wurden. Zu solchen Mißhandlungen kindlicher Seelen ist nur fähig, wer in ähnlicher Weise mißhandelt worden ist, aber, um zu überleben, das böse Handeln der Eltern allmählich als richtig und vernünftig akzeptiert hat, um es dann schließlich an die eigenen Kinder weiterzugeben.

Diese Art Mutterverarmung ist die gefährlichste in unserer Gesellschaft. Sie ist auch nicht durch Aufklärung zu überwinden. Der wesentliche Protest gegen meine hier vorgetragene Meinung wird sich aus Abwehrgründen speisen, wird zum Schutz der eigenen Verletzungen nötig sein. Der eigene unerträgliche Schmerz soll abgewehrt und die fortgetragene Schuld verleugnet bleiben. Deshalb werden frühe seelische

Verletzungen zu einem höchsten Risiko für die Festschreibung abnormer Verhaltensweisen in einer Gesellschaft, die sich um Ordnungswahn und Disziplin, Anpassung und Gehorsam, Anstrengung und Leistung ranken.

Das Schicksal des Kindes, das nicht genug Mutter bekommen hat, wird dadurch zur Tragödie, daß es glauben muß, es sei selbst an diesem erlittenen Mangel schuld, nicht liebenswert und rechtlos wegen seiner eigenen Fehler und Schwächen. Ein Kind kann nicht realisieren, daß die Mutter mangelhaft ist oder gar böse und destruktiv gegen das eigene Kind handelt – an einer solchen Wahrheit müßte es wohl sterben.

Die Folgen des Muttermangels Mutter steht für Daseinsberechtigung, für Annahme, Bestätigung, für Geborgenheit, Schutz und Sicherheit, für Nahrung und Versorgung.

Bei Mutterverarmung, welcher Art auch immer, durch mangelnde Anwesenheit oder zu geringe emotionale Präsenz, werden die Urerfahrungen des Kindes in den genannten Grundbedürfnissen quantitativ unzureichend und qualitativ mangelhaft bleiben. Ein Zuwenig an Mutter hinterläßt ein bedürftiges Kind. Unterernährung macht krank, Liebeshunger macht «wahnsinnig», Beziehungsmangel schmerzt. Dies geschieht auf körperlicher, seelischer und sozialer Ebene. Der Körper braucht Nahrung, die Seele braucht Liebe, der ganze Mensch braucht Kontakt. Erlittener Mangel kann nicht nachträglich aufgefüllt werden. Wenn ich das, was ich gestern nicht zu essen bekam, heute verschlinge, ist der Schmerz von gestern nicht ungeschehen gemacht, und heute können durch «Überfressen» noch zusätzliche Gesundheitsstörungen und Übelkeit erzeugt werden.

Der unvermeidbare Schmerz des Mangels aber will natürlich nicht gern erlitten werden, und es gibt dafür auch selten Zeit und Raum und auch kaum Toleranz und Akzeptanz, daß Menschen Schmerzen erleiden und fühlen müssen. So bekommen Ablenkung, Ersatzbefriedigung und Kompensationsbemühungen ihre unheilvolle Wirkung. Mutterverarmung ist die wesentliche Ursache für Sucht. Der vorhandene Mangel soll durch Ersatzmittel gestillt werden, die keine wirkliche Befriedigung ermöglichen. So müssen die Mittel immer mehr gesteigert werden, um noch beruhigende oder berauschende Wirkung zu erzielen. So wächst die Abhängigkeit, bis man schließlich nicht mehr ohne Entzugserscheinungen und heftige Krisen das gewählte Mittel lassen kann. Nicht die Droge macht süchtig, sondern der bedürftig gebliebene Mensch sucht und nimmt Mittel in seinen Dienst, um sich vom schmerzhaften Defizit abzulenken oder mit etwas vollzudröhnen, um nicht mehr zu fühlen, was ihm fehlt. Und da der Körper und die Seele sich leicht an einzelne Formen und Arten der Betäubung gewöhnen, muß die «Droge» ständig erhöht werden, um noch Wirkung zu erzielen. Der Mensch kann sich alles zur Sucht machen, am leichtesten aber die ungestillt gebliebenen Grundbedürfnisse. So wird

- Essen zum Fressen,
- Trinken zum Saufen,
- Sexualität zur Promiskuität,
- Tätigsein zur Arbeitssucht,
- Schaffenskraft zur Leistungssucht,
- Neugier zur Vergnügungssucht,
- Brauchen und Verbrauchen zum Konsumismus,
- Zeitvertreib zur Spielsucht,
- Entwicklung zur Erfolgssucht,
- Anreichern und Absichern zur Profitgier,
- Liebe zu Geld.

Die Schwäche des Seins soll durch die Macht des Habens ersetzt werden. Der Schmerz des Mangels soll durch Fülle und Vielfalt erstickt werden. Der Hunger nach Liebe wird zur Jagd nach Anerkennung und Erfolg. Aber wenn man von der Bühne abtritt, wenn der Strahl des Rampenlichts erlischt und der Beifall vor dem Siegertreppchen verhallt ist, dann ist man wieder so jämmerlich und verlassen wie in den ersten Tagen seines Lebens.

Der Mangel an mütterlicher Bestätigung möchte wenigstens durch Ruhm, Macht und Reichtum aufgewogen werden. Die hilflosen Versuche, die Mutter als Lebensquell zu erfahren und die Sinnlosigkeit dieser Bemühungen nicht wahrnehmen zu wollen, ringt Menschen schließlich Höchstleistungen ab, die ihnen Preise, Orden und Medaillen einbringen – mehr aber auch nicht. So drängt das ungesicherte Leben nach Versicherungen, das fragile Schutzbedürfnis verlangt Bewaffnung und Hochrüstung, der «fehlende Glanz» in den Augen der Mutter verleiht Gold und Geld eine alles überblendende Strahlkraft, die ausgebliebene Bestätigung treibt über den Leistungswahn in den Herzinfarkt, und die frühe Verlassenheit macht das dröhnende Getümmel auf «Ballermann 6» zur «sangrinösen» Verschmelzungsorgie.

Ein Hauptthema der Mutterverarmten ist Verlassenheit. Sie sind die real körperlich oder/und emotional Verlassenen, die Alleingelassenen – was in den frühen Jahren eine tödliche Bedrohung bedeutet. Die zwingend notwendige Abspaltung dieser Erfahrung sorgt später im Wiederholungszwang dafür, immer wieder verlassen zu werden und allein zu bleiben. Je näher und verbindlicher eine Beziehung zu werden droht, desto mehr muß Energie für Ablehnung, Enttäuschung und Distanzierung aufgebracht werden. So wird man immer wieder verlassen, wiederholt damit das Urtrauma, aber in einer abgeschwächten Form, in der Panik und Schmerz halbwegs verkraftet werden können. Der davon Betroffene weiß in aller Regel nicht, daß er dafür sorgt, verlassen zu werden, weil er den Verlassenden als Bösewicht braucht, gegen den man wüten kann, um die schon längst vorhandene, aber viel bedrohlichere innere Verlassenheit nicht erleiden zu müssen.

Uta war eine Frau, die nach mehreren unglücklichen Part-
nerschaften allein lebte. Ihr war aufgefallen, daß sie die Trennungen
zunächst mit Erleichterung erlebte, als wenn sie sich von etwas be-
freit hätte, bis sie nach einigen Wochen in ein tiefes «depressives
Loch» fiel, das durch Resignation, Apathie und Gefühle der Sinn-
losigkeit geprägt wurde. In der therapeutischen Arbeit fand sie he-
raus, wie sie ihre jeweiligen Partner immer wieder enttäuschte und
distanzierte. Dafür hatte sie eine ganze Palette von Verhaltenswei-
sen parat: sexuelles Desinteresse, Lamentieren über Alltagssorgen,
Angriffe und Vorwürfe wegen ungenügender Zuwendung und Auf-
merksamkeit des Partners, haßvoller Neid auf Freiheiten des ande-
ren. Sie fühlte sich mit allen Vorwürfen zutiefst im Recht, aber erst
als sie realisierte, daß sie damit die Männer verärgerte, depoten-
zierte und davontrieb, konnte sie allmählich begreifen, daß sie da-
mit frühe Verlassenheit reinszenierte und zugleich abwehrte, denn
die gegenwärtigen Trennungskrisen schützten sie vor dem Ge-
wahrwerden der grundsätzlichen Verlassenheit.

4. Mutterverwöhnung

Ein Zuviel an Mutter kann es im Grunde genommen
nicht geben. Eine gute Mutter drängt sich nicht auf. Ein gesundes Kind kann auch nicht verwöhnt werden, da es immer nur so viel will, wie es gerade braucht. Nur das unge-
liebte Kind sucht nach Ersatz und kann davon nie genug bekommen. Und nur eine bedürftige Mutter gibt mehr, als sie
hat, oder gibt etwas, was sie für richtig hält, weil sie nicht
spürt, was das Kind wirklich braucht.
Die verwöhnende Mutter ist in sich gefangen und nicht
wirklich bei ihrem Kind. Sie ist nicht in Kontakt, sie spürt
weder ihre Grenzen, noch fühlt sie den echten Wunsch des
Kindes. Sie hört nur den Schrei nach Süßigkeit und glaubt,
diesen Hunger schnell und leicht stillen zu können, weil sie
nicht die Süße des Lebens kennt. Sie sagt «Ja», weil sie Ablehnung fürchtet, sie läßt durchgehen, weil sie den Konflikt

scheut. Sie macht und schuftet, sie rackert sich ab und möchte es dem Kind leichtmachen, hier eine kleine Hilfe und dort ein Hinweis, eine Handreichung und noch ein «Zuckerbrot» – um sich Bedeutung zu geben und als mächtig zu erfahren. Die verwöhnende Mutter macht immer einen Handgriff zuviel, und sie wird natürlich ihr Kind auch nicht loslassen wollen, und sie kommt leicht in eine Krise, wenn es dem Kind gelingen sollte, sich doch von der Mutter zu entfernen. Auch dann kann ein Terror besorgter Anrufe und Briefe, die Nötigung zu Besuchen, die aufdringliche Bereitschaft, allen zu Diensten zu sein – Angebote, die kaum abzuschlagen sind, wenn inzwischen Enkel da sind –, die wirkliche (innere) Ablösung von der Mutter nahezu unmöglich machen.

Die verwöhnende Mutter verliert mit dem Kind einen Teil von sich, jemanden, der ihr Bedeutung verlieh, eine Aufgabe schenkte und Sinn vermittelte. Wenn das Kind sich ablösen sollte, geht ihr das alles verloren, und sie muß sich wieder in ihrer unbewältigten Nichtigkeit erleiden, was auf jeden Fall vermieden werden möchte, deshalb ist ein Kampf um den weiteren Einfluß auf das Kind nicht selten, oder es folgen schwere Erkrankungen und elterliche Krisen, die das Kind nötigen, die Verbindung zur Mutter zu halten.

Der wesentliche Antrieb für eine verwöhnende Haltung einer Mutter ist die eigene narzißtische Bedürftigkeit. Da sie sich nie selbstgewiß und bestätigt erfahren konnte, bringt ihr das Kind eine große Zufuhr an Selbstwert und Wichtigkeit, was sie eben ohne Schmerz nicht wieder aufgeben kann. Ihr Bemühen um das Kind hat dann auch Symptomcharakter, in der Zuwendung zum Kind soll die eigene Bedürftigkeit verdeckt und kompensiert werden. Dies ist eine Form des «Helfersyndroms», dem Kind das geben zu wollen, was man selbst dringend gebraucht hätte.

Mutterschaft ist Hilfsbereitschaft. Zur natürlichen Entwicklung eines Kindes gehören seine Ablösung und Eigenständigkeit, so ist die angemessene Hilfe dazu: freilassen. Eine

Mutter, die ihr Kind für ihre Stabilisierung und Bestätigung braucht, wird es nicht freilassen können. Sie wird auch bei räumlicher Trennung Anteil am Leben ihres Kindes haben wollen und mit ihrer Sorge, ihrer Meinung, ihren Ansprüchen und Zuwendungen Einfluß zu behalten versuchen. Das kann alles sehr familiär und verbunden aussehen, die Mutter selbst mag sich als «gute Mutter» erleben, und das befürsorgte «Kind» wird sich zunächst dankbar und verpflichtet fühlen, vielleicht manchmal auch belästigt, aber duldsam, um die Mutter nicht zu verletzen, denn im Grunde meine sie es doch nur gut. So verschwindet der verhängnisvolle Mißbrauch des Kindes durch seine Mutter, der beide in ihrer Entwicklung behindert, aus der Wahrnehmung und Kritik. Das Kind bleibt abhängig, unsicher und mit der Mutter insgeheim identifiziert, was ein eigenes Leben in der Verantwortung gegenüber den individuellen, sozialen und historischen Aufgaben der neuen Generation nahezu unmöglich macht – und die Mutter wird kaum ihr Leben als Frau und Partnerin, als Berufstätige und Kollegin – gereift durch die Mutterschaft – fortsetzen können.

Die gefährlichste Seite daran aber ist die uneingestandene Erwartung von Dank. Wenn Mütterlichkeit an Dank gebunden wird, ist dem Kind ein undankbares Leben beschert. Nicht nur, daß es für alle Selbstverständlichkeit der mütterlichen Versorgungspflicht dankbar sein soll – was das Grundrecht des Menschen, seine bedingungslose Daseinsberechtigung in Frage stellt –, nein, darüber hinaus geht es ja um eigene frühe (narzißtische) Bedürfnisse der Mutter, die niemand – und am allerwenigsten ein Kind – nachträglich erfüllen könnte.

Bernd, ein junger Lehrer, hatte sich dem bedürftigen Bemühen und der Zudringlichkeit seiner Mutter durch wahllose sexuelle Kontakte entziehen wollen. Die alleinerziehende Mutter hatte ihn vergöttert, er war ihr ein und alles, ihr Stolz und Lebenssinn. Mit dem Kindesvater wollte sie nicht zusammenbleiben, sie litt an seinen sexuellen Attacken und nutzte ein Fremdge-

hen ihres Partners, um ihn loszuwerden. *Sie gehörte offenbar zu den Identitätsgestörten, die Mutter sein wollen, ohne Frau werden zu müssen.* So mußte ihr Sohn herhalten, er wurde von ihr praktisch zum Partnerersatz zugerichtet. *Die falsche (weil aus mütterlicher Bedürftigkeit erwachsene) Zuwendung der Mutter fand für Bernd ihre Zuspitzung in der Verabreichung von Anal-Zäpfchen, die ihm die Mutter bei vielfachen Erkrankungen einführte. Dabei war für sie offenbar die Begegnung mit seinem kleinen Schwanz unvermeidbar, und das wurde regelmäßig von ihr mit der abfälligen Bemerkung begleitet: «Tu das da bitte weg!» Jedenfalls muß sie für ihn so angewidert auf sein Geschlechtsteil geschaut haben, daß er in seiner ganzen Kindheit nur noch von dem Wunsch geplagt war, wie er seinen Penis loswerden könne. Da ihm das nicht gelang, hat er – wie er sich viel später erst eingestehen konnte – in seinen sexuellen Exzessen, seinen «Schwanz in Scheiße getaucht», um sich für seine Männlichkeit zu bestrafen und das Symbol dafür zu entehren.*

Die Mutter war todunglücklich, daß er in eine «andere Welt» geflüchtet war, vor der sie sich ekelte. Sie warf ihm große Undankbarkeit vor, weil er sie mied, sie ihrem Alleinsein überließ, natürlich nicht, ohne Schuldgefühle bei ihm auszulösen, welchen er mit vermehrter sexueller Promiskuität zu entkommen suchte. Sie konnte nicht wissen, daß er damit auf tragische Weise mit ihr verbunden blieb, da er selbst sein Geschlecht verachtete und bemüht war, «das da wegzutun» oder zumindest selbststrafend zu beschmutzen.

So mußte dieser tragische Ablösungsversuch in eine Sackgasse führen, bis Bernd erkennen konnte, daß er kein sexuelles, sondern ein Identitäts- und Beziehungsproblem hat und Sexualität ihm bisher geholfen hatte, eine intensive zwischenmenschliche Nähe zu vermeiden, die ihm sein Mutterdefizit und die Mutterverwöhnung hätte erkennen lassen.

Die Folgen der Mutterverwöhnung Das Hauptproblem der Mutterverwöhnung ist der Irrtum des Kindes, daß das Bemühen seiner Mutter Liebe sei. So jedenfalls wird es meistens angeboten: Das tue ich doch nur aus Liebe zu dir! Da es sich aber nicht um Liebe handelt, sondern um die abgewehrte und kompensierte Bedürftigkeit der Mutter, bleibt das Kind dennoch im Mangel, obwohl es verwöhnt wird. Häufig besteht diese Verwöhnung auch in einem Übermaß an materieller Zuwendung. Das Kinderzimmer ist voller Spielzeug, nicht selten besonders viele Kuscheltiere, die Ersatzspender von Weichheit und Wärme. Es ist ein Leben in äußerem Wohlstand, ausgestopft mit Markenartikeln und Prestigefetischen, aber ohne emotionale Sättigung. Es ist alles da, was man im Grunde genommen nicht braucht. Der geschenkte Überfluß macht den Alltag langweilig. Das Zuviel an Waren, Zuwendungen, Hilfen hinterläßt eine schlaffe Seele und einen abhängigen, passiven und unsicheren Menschen. Manche sind auch auf spezielle Leistungen getrimmt, hochgezüchtet, aber eben nicht wirklich aus eigenem Antrieb und mit eigenen Kräften erfolgreich, sondern gepäppelt und infolgedessen zickig, allürenhaft, hochempfindlich und labil: die mit fremden Kräften aufgeblasenen Narzißten. Man kann es ihnen schwerlich recht machen, sie mäkeln ständig und bleiben auf ewig unbefriedigt. Sie sind gewohnt zu bekommen, ohne dafür etwas tun zu müssen, sie sind vollgestopft und doch nicht satt, weil nicht die eigenen Bedürfnisse gestillt worden sind, sondern die Bedürftigkeit der Mutter ausagiert wurde. Der verborgene Mangel (an Liebe und Selbstbestätigung) macht unsicher und ängstlich. Das Kind hat nicht lernen können, um seine Wünsche zu bitten, für sie zu kämpfen und zu tricksen. Es hat keine Erwartungsspannung aufbauen können als Energiespender für kreative Leistungen, um Ersehntes zu erreichen. Der echte Mangel wird durch falsche Fülle erstickt. Der leicht gemachte oder geschenkte Erfolg macht lahm und faul, die Unselbständigkeit und Abhängigkeit lassen den Mutterverwöhnten unsicher und ängstlich bleiben. Einer Mutterverwöhnung liegt immer ein Muttermangel zugrunde, der durch Muttervergiftung ausgeglichen werden soll. Da die wesentlichen Grundbedürfnisse von der Mutter nicht verstanden und befriedigt wurden, statt dessen von ihr aber etwas aufgedrängt wurde, verbleiben ungestillte Sehnsucht und eine Gier nach Ersatzbefriedigung, die man aber möglichst geschenkt und gemacht bekommen möchte. Dabei ist es niemals genug, und nichts ist wirklich richtig. Maßlosigkeit, Bequemlichkeit, Anspruchsdenken, Prahlerei und Nörgelei bestimmen das Leben und vergiften das Zusammenleben.

5. Die Kind-Mutter

Vom Mädchen zur Mutter – zu jung, zu unreif, zu bedürftig, zu abhängig. Der Reifeschritt zur Frau wurde ausgelassen, übersprungen oder auch geflohen. Die Lilith-Anteile wurden nicht integriert. Das Kind einer solchen Mutter steht grundsätzlich im Dienste der mütterlichen Bedürftigkeit. Das Kind soll die Mutter aufwerten, ihr Bedeutung und Ansehen verleihen, ihre Minderwertigkeit kompensieren und sie vergessen lassen, daß sie nie zur Frau gereift ist, und das heißt seelische Eigenständigkeit, soziale Unabhängigkeit und partnerschaftliche Gleichwertigkeit erreicht hätte. Oder auch ihre Defizite und Begrenzungen wahrgenommen und emotional verarbeitet hätte und damit weniger in Gefahr wäre, sich über ein Kind stabilisieren zu müssen. Natürlich liegt dies nicht allein in der Verantwortung der Heranwachsenden, sondern auch wesentlich an den gesellschaftlichen Chancen, zur Frau reifen zu können. Vielen Frauen dürfte das Schicksal, Kind-Mutter zu werden, als einzige Möglichkeit erscheinen, in der Gesellschaft über die Rolle als Mutter Bedeutung zu erlangen. Das Kind soll also die narzißtische Bedürftigkeit stillen. Deshalb sind für Kind-Mütter vor allem Schwangerschaft, Geburt und die Säuglingszeit ihres Kindes von Bedeutung. Eine Zeit also, in der sie viel Aufmerksamkeit, Schonung,

Schutz, Unterstützung und Beratung erfahren. Das ist sicher meistens sinnvoll und notwendig, aber das wesentliche Thema: «Mütterlichkeit» wird dabei wohl kaum ernsthaft bedacht. Das tiefere Motiv, Mutter werden zu wollen, und die Fähigkeit, sich in den Dienst eines Kindes stellen zu können, werden also fast nie reflektiert oder gar geübt. Der Kind-Mutter mangelt es ja im besonderen an wirklicher Mütterlichkeit, sie will sich zur Mutter machen, um selbst etwas zu bekommen. Ein süßes Kind zum Kuscheln und Herzen, das völlig abhängig ist, von dem man gebraucht wird und enorme Wichtigkeit vermittelt bekommt. Diese begehrliche Herausforderung kann natürlich auch eine Überforderung bedeuten, und die Kind-Mutter wendet sich hilfesuchend an ihre Mutter, um jetzt endlich von der Groß-Mutter die Aufmerksamkeit und Zuwendung zu bekommen, die sie als Mutter nicht gegeben hatte.

Häufiger aber lebt die Kind-Mutter mit ihrer Versorgungsaufgabe auf, so viel Wichtigkeit hatte sie noch nie. Deshalb sind sie in der Säuglingszeit des Kindes besonders belebt und glücklich, was sich aber schnell wandelt, wenn das Kind heranwächst und autonomer werden will und die Auseinandersetzung mit der Mutter sucht, sie dabei prüft und erprobt, um sich in vielen Kämpfen mit ihr seinen Selbstwert, seine Eigenständigkeit und Identität zu erobern. Je älter das Kind wird, desto mehr Schwierigkeiten erlebt damit die Kind-Mutter, weil es für sie immer anstrengender wird, ihr Kind noch als Selbstobjekt an sich zu binden und zu mißbrauchen.

Sie muß also zulegen, um das Kind einzuschüchtern, seine Ablösung zu verzögern oder zu verhindern. Dem Kind wird jetzt vermittelt, was es doch für ein liebes Kind sei, wenn es sich so um die Mutter sorge und bemühe. Diese verlogene Aufwertung wird vielen Kindern für ihr ganzes Leben zum Verhängnis. Sie bleiben so mutterfixiert und werden in ihren Partnerschaften, in der Berufswahl und im sozialen Leben sich unglücklich oder krank dienen, weil sie nicht an sich zu denken gelernt haben und alles Gute für sich selbst mit schweren Schuldgefühlen bezahlen müssen und so ihr eigenes Leben nicht genießen können.

Mit dem Heranwachsen des Kindes schwinden die mütterlichen Fähigkeiten der Kind-Mutter. Sie wird bestenfalls zur «großen Schwester» für ihr Kind, die fordert, erpresserisch quält («wenn du das nicht machst, dann ...) und sich an der Kleineren/dem Kleineren gerne abreagiert. Ihr fehlt das Einfühlungsvermögen in das Kind, sie spürt nicht die wahre Bedürftigkeit, weil sie ja selbst ungesättigt geblieben ist und höchstens projektiv mit ihrem Kind so umgeht, wie sie es selbst gebraucht hätte, doch ohne wirklichen Kontakt, ob das jetzt auch gewollt und gebraucht wird. Das Kind wird zur Puppe, mit der man «Mutter und Kind» spielen kann. Die Kinder bleiben dann oft achtlos irgendwo liegen oder sitzen, Gefahren werden nicht erkannt, Schutz wird kaum gewährt, Rücksicht findet keine Beachtung. Kinder werden an der Hand hinterhergezerrt, sie werden an der Bordsteinkante geführt, in einen Kinderwagen ohne Blickkontakt zur Betreuungsperson gesetzt, sie werden getragen, gehalten oder ausgefahren, ohne auf die kindlichen Bedürfnisreaktionen zu achten.

Die Hilflosigkeit und Überforderung, die mangelnde Einfühlung und Bedürftigkeit der Kind-Mutter lassen sie oft streng und hart, zwanghaft und ungerecht werden. Die Bedürfnisse ihres Kindes kann sie nicht wirklich wahrnehmen oder deuten, die eigenen meist unbewußten Bedürfnisse werden vom Kind nicht mehr erfüllt, so geraten Mutter und Kind in eine konfliktreiche und quälende Enttäuschung aneinander, bei der vor allem das Kind wieder Opfer des Muttermangels geworden ist.

Ich habe bisher die Wichtigkeit der frühen Lebensbedingungen und die Qualität von Mütterlichkeit mit ihren Masken und Störungen beschrieben. Wir haben inzwischen auch etwas erfahren über die Folgen von Störungen der Mütterlichkeit für die Entwicklung des einzelnen Men-

schen und werden noch untersuchen, wie sich weitverbreitete Mutterstörungen auf die sozialen Verhältnisse und die
gesellschaftliche Entwicklung auswirken. Aber zunächst will
ich mich den Auswirkungen des Lilith-Komplexes im Manne zuwenden.

V. Der Lilith-Komplex im Manne

Adam ist der Prototyp des Mannes, der mit weiblicher Gleichwertigkeit, mit der eigenständigen und aktiven Verantwortung der Frau für ihre sexuelle Lust sowie mit den kinderfeindlichen Anteilen in der Frau nicht zurechtkommt. Diese einen Adam ängstigenden weiblichen Eigenschaften und Fähigkeiten vereinigt Lilith in sich. Die Jungen, die von ihrer Mutter nicht wirklich gewollt sind, nicht ausreichend geliebt werden und für Mutters Bedürfnisse zugerichtet werden, bleiben ohne Therapie oder andere gleichwertige Befreiungsbemühungen ein Leben lang mutterfixiert und damit unreife, abhängige Männer, die Angst vor den weiblichen Lilith-Anteilen haben müssen. Sie wollen ihre Frau nicht als Partnerin akzeptieren und möchten sie mehr als Mutter benutzen. Sie mißbrauchen Frauen sexuell, indem sie ihre Liebesbedürftigkeit sexualisieren oder Frauen zu Sexualobjekten sexistisch bis gewalttätig degradieren. Sie wetteifern mit ihren Kindern um die Gunst der Mutter, oder sie reagieren mit Eifersucht und feindseliger Enttäuschung, wenn vorübergehend ein Kind mehr Beachtung bekommt, als sie selbst insgeheim verlangen. Sie werden auch instinktiv die verborgene Kinderablehnung in ihren Frauen spüren, sie aber nicht wahrhaben oder gar verstehen wollen und ihren Kindern deshalb nicht helfen können, bittere Wahrheiten über die unvermeidbaren Begrenzungen der Mütterlichkeit verarbeiten zu können. Dafür müßten sie mit ihren Kindern trauern und Schmerz empfinden können, was sie aber aus dem eigenen verleugneten Muttermangel zutiefst fürchten.

Diese mutterfixierten Männer tragen wesentlich zur gesellschaftlichen Fehlentwicklung und zu Störungen der Familiendynamik bei. Im Muttermangel neigen sie zu übermäßigen Leistungsanstrengungen, von der unbewußten illusio-

98

nären Hoffnung geplagt, daß Mutters Liebe zu verdienen wäre, wenn sie nur das Richtige finden würden und gut genug zu tun verstünden: «Mutter muß doch zu erreichen und zu Liebesbekenntnissen oder zumindest zur Anerkennung zu bewegen sein, denn es kann doch nicht sein, daß sie zur Liebe unfähig wäre oder mich nicht gerne haben könnte!» So entwickelt sich ein Junge zum Helfer, Bediener und Leistungsmenschen. Sie sind dann die süchtigen Antreiber einer entfesselten Leistungsgesellschaft, die aus unbewußtem Muttermangel die notwendige und sinnvolle Lebensgestaltung zur gnadenlosen Konkurrenz pervertieren, in der es schließlich um das ökonomische Überleben geht, so wie in der frühen Kindheitserfahrung der Muttermangel die körperliche und seelische Existenz gefährdet hat. Wird diese Konkurrenzgesellschaft nicht reguliert, werden die frühverletzten Männer sie zum Kampfplatz auf Leben und Tod machen, um die Wahrheit über ihre frühen Defizite gleichzeitig zu verbergen und zu bekämpfen, und sich dabei selbstzerstörerisch opfern, als gelte es einen frühen mütterlichen Fluch: «Sei nicht!» oder «Streng dich (für mich) an!» immer noch zu erfüllen.

In der Familie werden die mutterfixierten Männer ihre Frau insgeheim zur Mutter machen wollen, um von ihr endlich die Anerkennung und Liebe zu erhalten, die ihnen immer gefehlt hat. Und da sie es nicht besser gelernt haben, bleiben sie angestrengt bemüht, immer hilfsbereit und dienend. Sie tun dies alles nicht, weil es getan werden müßte oder sie es tun wollen, sondern in erster Linie, um zu beweisen, daß sie doch liebenswert sind. Ihr Muttermangel fixiert sie im Lilith-Komplex: Sie sind nicht wirklich zum Manne gereift, sie können mit einer reifen Frau nicht umgehen, sie scheuen die Auseinandersetzung, die klaren Absprachen, Forderungen und Abgrenzungen. Sie sagen kaum «Ja» oder «Nein», sondern sie fragen häufig nach, wollen es immer recht machen, bleiben unsicher und unbestimmt und sind insgeheim schwer enttäuscht, wenn sie nicht verstanden und akzeptiert werden, für etwas, was sie nie klar zum Ausdruck gebracht haben. Als Väter müssen sie nahezu zwangsläufig versagen. Sie werden aus eigener unbewältigter Mutterbedürftigkeit dem Kind nicht helfen können, sich von der Mutter abzulösen. Ihre Mutterfixierung läßt sie selbst abhängig bleiben, macht sie unsicher und feindselig gegen ihre Kinder, weil sie mit ihnen um die Muttergunst konkurrieren und ihre Herausforderung zu männlich-väterlichen Aufgaben fürchten. Der Vater mit Lilith-Komplex wird als Dritter zur Triangulierung keine Kraft haben und keinen Mut finden. Er wird als kompensierende und schützende Möglichkeit gegen Muttermangel und Muttervergiftung für das Kind ausfallen.

Dem Vater, der weder gebären noch stillen kann, fällt nämlich die nicht weniger wichtige Aufgabe zu, die anfänglich symbiotische Zweierbeziehung zwischen Mutter und Kind allmählich aufzuweichen, um dem Kind die Entfernung von der Mutter durch andere Angebote «schmackhaft» zu machen. Der Vater verkörpert als «Dritter» die Ablösung, die Autonomie, das Fordern, das Risiko und Abenteuer, das Alleinsein, das Neue und Fremde. Damit wird dem Kind der Gegenpol von Verschmelzung und Einheit, von Abhängigkeit, von Bekommen und Nehmen, von Schutz und Geborgenheit nahegebracht, und es wird allmählich im Heranwachsen zur polaren Dynamik befähigt.

1. Vaterflucht

Unbefriedigte Bedürfnisse der frühen Kindheit können in keiner Partnerschaft oder Ehe nachträglich befriedigt werden. Mit dieser Hoffnung aber gehen viele Männer, zusätzlich getrieben von ihrem sexuellen Befriedigungsdruck, eine Ehe ein. Die Ernüchterung kann nicht ausbleiben. Selbst durch mütterliche Frauen kann das frühe Liebesbedürfnis nicht mehr gestillt werden. Sie reaktivieren aber oft die Muttersehnsucht im Manne, der dann immer gieriger mütterliches Verhalten einfordert, was zwangsläufig zur Enttäuschung führen muß. Eine verhängnisvolle Täuschung war vorausgegangen. Und häufig trägt die Partnerin eine gleichartige unerfüllte Sehnsucht in sich, die sie insgeheim vom Partner erfüllt haben möchte, indem sie ihn zur Ersatzmutter machen will. So mißrät die anfängliche Verliebtheit zunächst unmerklich und geht langsam, aber unaufhaltsam in wechselseitige Vorwürfe und Anklagen über. Und mit der enttäuschten Sehnsucht wird sich auch tragischerweise die frühe Enttäuschungswut gegenüber der Mutter aggressiv am Partner oder an der Partnerin abreagieren wollen.

Den meisten Männern fehlt der Erkenntnismut und die Bereitschaft, ihre soziale Maske und die individuell eingebildete «Stärke» aufzugeben und ihren defizitären und bedürftigen Zustand wahrzunehmen, diesen fühlend zu verarbeiten und damit an wirklicher Stärke zu gewinnen, die allerdings in einer narzißtischen Gesellschaft auch nicht sonderlich erwünscht ist. Der durch Weichheit gestärkte Mann würde die Gewalt und den permanenten Wettstreit in einer Gesellschaft nicht mittragen wollen, und das würde die ökonomische und militärische Basis einer süchtigen Leistungsgesellschaft grundlegend in Frage stellen.

Dagegen bietet die vom Lilith-Komplex geprägte christlich-abendländische Gesellschaft, besonders in der heutigen Form der Industrie- und Informationsgesellschaft, den Männern vielfache Fluchtmöglichkeiten aus ihrer Beziehungsnot und Näheangst. Zwischenmenschliche Beziehungen mit wahrhaftiger, unverstellter Kommunikation und liebevoller mitmenschlicher Verbundenheit würden den erlittenen, aber verdrängten Muttermangel wieder spürbar werden lassen und werden deshalb geflohen. Die Vaterflucht an den Fernseher, an den Computer und ins Internet, in die Arbeit, in die Konkurrenzzwänge und Machtspiele ist die im sozialen Rahmen reinszenierte Beziehungsangst. Die virtuelle Welt bietet immer mehr unlebendige Scheinkontakte und als Droge geeigneten bunten Informationsmüll.

Die Härte der Männer im Geschäft, ihre markigen Worte und souveränen Gesten, ihre wissenschaftliche oder sachliche Kompetenz in Machtfunktionen dienen häufig der Verhüllung und Kompensation der unerfüllten frühen Bedürftigkeit. Dies wird meist erst erkennbar im «schwarzen Loch» nach dem großen Auftritt, im depressiven Zusammenbruch nach einem Mißerfolg, in psychosomatischen Leiden als Folge der chronischen Überforderung. Auch ihre Ehen erkalten oder zerbrechen, und den Kindern fehlt der Vater zur Triangulierung oder als ein gutes männliches Vorbild. Im banalen Alltag verschwinden die Väter auch am Wochenende hinter den Zeitungen, im Arbeitszimmer, im Hobbyraum im Keller oder in der Garage, im Schrebergarten, auf den Sportplatz oder in einen Verein und in die Kneipe. Das Auto, der Hund, der Fußball, der Golfschläger, der Computer, die Briefmarken und ihre «Tausend Geschwister» bekommen mehr Aufmerksamkeit, Interesse und Respekt geschenkt als die eigenen Kinder. Die Fluchtmöglichkeiten reichen in ihrer primitiven Form von Sich-abstoßend-und-eklig-Machen, wozu Nikotin und Alkohol hervorragend geeignet sind, über den Ausstieg durch Krankheit zu den höchst kultivierten Formen, im Dienste der Wissenschaft, des Vaterlandes und für Gott den wirklichen Beziehungen zu entkommen.

Vaterflucht wird im höchsten Maße gesellschaftlich sanktioniert und ist die Voraussetzung für Macht, Ruhm, Reichtum und Erfolg, aber niemals für wirkliche Befriedigung und Zufriedenheit. Die Väter befinden sich auf einer sie erschöpfenden Flucht vor der frühen Wahrheit mit der illusionären Hoffnung auf Erlösung durch Anstrengung und Kampf. Um nicht mehr an den selbsterlebten Muttermangel erinnert zu werden, entfliehen sie ihren Frauen und lassen ihre Kinder allein. Sie machen damit die Welt immer unwirtlicher, beuten die «Mutter Erde» aus, zerstören die Natur und das Natürliche, ersetzen das Lebendige durch Virtuelles und Simuliertes. Die Beziehungsnot macht gierig nach Ersatz. Geld soll den Liebesmangel tilgen, äußere Geltung soll die innere Minderwertigkeit besänftigen, und der Kampf unter Männern soll ablenken von der Enttäuschungswut gegen die unantastbare Mutter. Die entstehende Sucht zerstört die Natur, der Kommerz tötet die Kultur, und der Konkurrenzkampf gepaart mit Existenzangst fördert die Gewalt. Der Kampf um die «Drogen», das Zerbrechen überkommener kultureller Normen und Aggressivität führen in den Krieg. Zuerst töten die Männer sich selbst, dann ihr mögliches Gegenüber. Im Blutrausch schänden und morden sie schließlich auch die Frauen und Kinder. Mutterhaß und Lilith-Komplex finden darin ein abscheuliches Ventil.

2. Vaterterror

So wie manche Männer in der Gesellschaft durch Macht ihre tiefe Ohnmacht aus früher Verletzung zu verbergen suchen, so toben sie ihre narzißtische Kränkung und Abwertung auch häufig gegen ihre Kinder aus. Frühverletzte Väter sind die verhaltenstypischen Träger und Vollstrecker autoritärer Gewalt. Sie verlangen Gehorsam, Ordnung und Disziplin und setzen ihre Forderungen durch Strenge und Härte – nicht selten mittels Schlägen – durch. Sie verlangen von ihren Kindern Höchstleistungen, treiben sie zum Erfolg und geben sich mit keinem Ergebnis wirklich zufrieden. Ehrgeiz, Stärke und Anstrengungen werden permanent gefordert. Die natürlichen Begrenzungen des Kindes werden nicht respektiert, sein Protest und Widerspruch nicht geduldet. Außer Strenge und Strafe wird zusätzlich mit Abwertung und Verachtung gearbeitet. «Aus dir wird nichts!» «Das müßtest du doch schon können!» oder «Das

kannst du eh nicht!» Du bist ein Versager!» «Du Schlapp-
schwanz!» «Du Memme!» «Du Heulsuse!» «Mach dich nicht
lächerlich!» Auch die moralische Keule wird gerne ge-
schwungen: «Ich bringe das Geld nach Hause!» «Dafür muß
ich hart arbeiten!» «Solange du an meinem Tisch sitzt, wird
gemacht, was ich sage!»

Rigide Regeln, enge Moralvorschriften, kleinliche Kontrol-
len, Vorwürfe und Beschämungen sollen das Kind einschüchtern, gefügig machen, unterwerfen und so die väterliche Schwäche verbergen helfen. Die frühe Wut des Vaters
reagiert sich am Kind ab, die väterliche Minderwertigkeit
macht ihn zum Despoten, seine Gefühlsabstumpfung läßt
ihn zum Gewalttäter werden. Die deutschen autoritären
Gesellschaften lebten vom Vaterterror. Der Autoritarismus
verbietet das Echte und Lebendige, erstickt die Gefühle, erzeugt Haß und schürt Gewalt. Der Untertan im Gefühlsstau, der feige Mitläufer und der willige Mittäter sind die
Produkte des autoritären Vaterterrors.

Der autoritäre Vater ist immer muttervergiftet. Das entschuldigt ihn nicht, erklärt aber die Brutalität und Gnaden-
losigkeit, die Männer als Väter entwickeln können. Ihre
Härte und Heftigkeit mag als Maß für die eigene erlittene
frühe Verletzung gelten, die nicht selten lebensbedrohend
gewesen ist. Väter geben so ihre frühe Kränkung und Demütigung, ihre narzißtische Wut einschüchternd an ihre
Kinder weiter, weil sie riesige Angst haben vor der Bedürftigkeit und den Gefühlen der Kinder, die ihren eigenen Gefühlsstau berühren und aktivieren könnten. Deshalb müssen die Kinder mit aller Macht unterdrückt werden.

Nicht selten handeln Väter auch noch im Auftrage ihrer
Frauen, die die Kinder denunzieren und vom Vater Strafe
verlangen. Mütter drohen gerne mit dem Vater («Warte nur,
wenn Vater nach Hause kommt!» «Das erzähle ich alles Vater!» «Wenn das Vater erfährt?!»). In diesem Fall handeln
beide Eltern aus dem Lilith-Komplex heraus, indem sich
die verleugnete Mutterschwäche als «Hexisches» mit der

vermeintlichen Vaterstärke als Vaterterror verbünden, um gemeinsam dafür zu sorgen, daß die im Lilith-Komplex blockierte Kraft, daß Autonomie und Vitalität auch bei ihren Kindern gehemmt werden.

Der Lilith-Komplex macht Männer zu feigen und bösen Vätern. Sie geben ein destruktives und defizitäres Männerbild weiter, sie machen eine zur Reife und Autonomie führende oder aus der Muttervergiftung befreiende Triangulierung unmöglich und vollenden so das tragische Schicksal des frühen kindlichen Elends.

3. Mutter-Männer und Mutter-Väter

Muttermangel und Muttervergiftung, Vaterterror und Vaterflucht hinterlassen einen heranwachsenden Jungen mit defizitärer und verlogener Mütterlichkeit, mit falscher Männlichkeit und schwacher Väterlichkeit. Dies kann zu einer «ödipalen» Konstellation führen, in der der Betroffene versucht, Mutter wenigstens über Sexualisieren zu erreichen und den Vater nicht nur als «Rivalen», sondern als den vermeintlich Alleinschuldigen zu bekämpfen.

Die Vaterstörungen sind häufig leichter zu erkennen, da sie an den realen Schwächen des Vaters (Strenge und Abwesenheit) festgemacht werden können. Die Vaterfehler können auch vom heranwachsenden Sohn identifiziert, benannt und mitunter auch bekämpft werden, dagegen bleiben die frühen Mutterstörungen im schützenden Unbewußten meist verborgen. Die Ablehnung des Vaters, der Vater als Bösewicht, bei dem es auch die Mutter so schwer hatte, sind weitverbreitete Abwehrformen im Dienste des «Mutterschutzes».

Einen anderen Weg, ihrem Unglück zu entkommen, begehen die heranwachsenden Männer, die sich selbst bemuttern lernen. Sie bemühen sich frühzeitig, selbständig zu werden und sich selbst zu versorgen – manche von ihnen lernen kochen, waschen, nähen und bügeln, um ihre Unabhängigkeit von mütterlicher Versorgung zu demonstrieren. (Womit ich nicht meine, daß Männer dies nicht lernen sollten oder könnten, es geht hier um die auf den Muttermangel bezogene Motivation, diese Fertigkeiten zu erlernen.) Sie entwickeln großes Verständnis und Einfühlungsvermögen für andere Menschen. Ursprünglich konnten sie der Mutter damit gefallen, ihre Wünsche zu erfassen, um ihre schlechte Stimmung etwas aufzuhellen. Gar nicht so selten werden sie auch zeitig zur Betreuung kleinerer Geschwister gezwungen, später finden sie dann mit ihren entwickelten sozialen Fähigkeiten Interesse an einem Helferberuf. Häufig suchen sie bei großen Symbolfiguren menschlicher Aufopferung, z. B. bei Jesus Christus, Mahatma Gandhi, Albert Schweitzer u. a., eine moralische und spirituelle Orientierung.

Als Männer sind sie verständnisvoll, tolerant, einfühlsam, emotional – sie gelten als weich und hilfsbereit, sie werden gerne als Freunde gesehen, die man um etwas bitten kann. In einer Ehe entwickeln sie häufiger «weibliche» Funktionen bis hin zur Lust, «Hausmann» zu sein und die Kinderbetreuung zu übernehmen. Aber auch ohne einen solchen Sozialrollentausch sind sie es, die in einer Beziehung mehr zuhören, gut verstehen können und dafür sorgen, daß der andere sich wohl fühlt. Für ihre Kinder sind sie gerne da, haben viel Verständnis für deren Bedürfnisse und setzen sich für ihre Belange ein. Das Verhältnis des Kindes zum Vater ist in solchen Familien oft enger und emotionaler als zur Mutter. Der Mutter fällt dann mitunter sogar die Aufgabe der Triangulierung zu. Da sie meist berufstätig ist und nach außen sehr beschäftigt, stellt sie dann dem Kind die Außenwelt stärker zur Verfügung als der Vater. Die Mutter ist dann auch der andere Pol, der zu der engen Verbundenheit zwischen Vater und Kind die Notwendigkeit zur Ablösung und Eigenständigkeit personifiziert und symbolisiert. Solche Männer und Väter stellen also eine Mütterlichkeit zur Verfügung, die sie selbst nie erfahren haben. Sie haben ihre «Batterien» nicht mit mütterlicher Liebe aufladen können, sondern verwenden zur Kompensation ihre angelernte Überlebensstrategie – gestärkt durch eine intellektuelle Auseinandersetzung mit philosophischen Vorbildern und spirituellen Meistern und erfolgreich konditioniert beispielsweise durch einen Helferberuf – für die von ihnen angebotene Mütterlichkeit. Dies ist für viele Kinder, Schüler, Patienten, Freunde und Partner ein Segen in der Not – ohne solche Mutter-Väter würden manche Sozialsysteme kollabieren, Ausbildungen und Therapien scheitern, Familien kaputtgehen.

Für die Männer selbst aber bleibt dies eine Tragödie besonderer Art. Ihre Lebensform ist ein ewiger Kompensationsversuch des Muttermangels, der sie auszehrt und erschöpft, der Depressionen, psychosomatische Beschwerden und Süchte verursacht. Es kann nicht ausbleiben, daß sie leicht Undankbarkeit für die vielen auf sich genommenen Mühen erleben, schnell narzißtische Kränkungen bei Mißerfolgen empfinden und sich die verborgene Enttäuschungswut schließlich doch in einer Konfliktsituation unerwartet und unverstanden entlädt. Alle Nutznießer des Mutter-Ersatzsystems sind dann irritiert und verunsichert, sie stürzen umgehend in ein Versorgungsvakuum, und ihre idealisierende Sympathie zum Mutter-Mann oder Mutter-Vater schlägt jäh in Ablehnung oder gar Haß um. Jetzt meldet sich das Mutter-Mangel-Syndrom der bisher Subventionierten und macht die männliche Ersatzmutter zum vermeintlichen Täter ihres Unglücks. Ein Mutter-Mann bindet sich gern an eine Kind-Frau, für die er sorgen und die er auch versorgen kann. Er ist es dann, der ihr alle Schwierigkeiten abnimmt. Er fährt das Auto, geht gerne einkaufen, er kocht, er trägt natürlich die Koffer und Taschen, er erledigt die Behördengänge, er füllt die Formulare aus und fällt alle schwierigen Entscheidungen. Er hält dies für Männlichkeit und spürt gar nicht mehr seine eigenen Bedürfnisse und seine verborgene Sehnsucht. Für die Kinder kann ein Mutter-Vater in gewissem Umfang aus einer generellen emotionalen «Versorgungsnot» die Rettung sein; aber die Mädchen bleiben weiblich unerweckt und ungefordert, die Jungen dagegen können das wirkliche Mutterdefizit kaum erkennen und lernen wieder nur eine mütterliche Männlichkeit, ohne Vorbild und Erfahrung für Väterlichkeit.

VI. Die neurotische Gesellschaft

In der Psychotherapie haben wir zur Kenntnis nehmen müssen, daß die Neurose als Ausdruck intrapsychischer Konflikte vor allem der Abwehr und Kompensation struktureller Frühstörungen dient. Das heißt vereinfacht, es werden sekundäre Probleme und Konflikte geschaffen und benutzt, um primäre Defizite und Verletzungen zu vertuschen. Es werden «Vaterprobleme» benutzt, um von «Mutterstörungen» abzulenken. Die Psychoanalyse hat einen Ödipuskomplex konstruiert, um den Lilith-Komplex nicht zur Kenntnis nehmen zu müssen. In vielen Psychotherapien werden viel Zeit, Mühen und Geld aufgewendet, um in die unendlichen neurotischen Konflikte etwas Ordnung und Übersicht zu bringen, ohne eine ursächliche Behandlung der «Frühstörung» zu ermöglichen. In einer neurotischen Gesellschaft blühen die politischen Skandale, werden riesige Wahlschlachten um kaum erkennbare inhaltliche Unterschiede geführt, wuchern die Vergnügungsangebote für äußere Belustigung und Zerstreuung und überschlagen sich Kaufsuggestionen, um die tiefere Not, die Sehnsucht und Bedürftigkeit der Menschen zu beschwichtigen.

1. Der Mangel an Mütterlichkeit in der Gesellschaft

Die jahrtausendalte Verleugnung weiblicher Gleichwertigkeit bis hin zur brutalen Unterdrückung, Abwertung und Ausbeutung der Frauen auf der einen Seite sowie die Verehrung und Anbetung der «Jungfrau» Maria mit einem furchtsamen Respekt vor den Müttern auf der anderen Seite macht eine Konfliktlage deutlich, die auf das verhängnisvollste die christliche Kultur beeinflußt hat: Inquisition, Hexenverbrennung, Kreuzzüge, unzählige Kriege und Völkermord müssen auch im Zusammenhang mit verlorener Mütterlichkeit und verlogener Mutterverehrung verstanden werden. Wir müssen mütterliche Eigenschaften und Fähigkeiten, aber auch ihre unvermeidbaren wie vermeidbaren Begrenzungen in ihrer Bedeutung für die Gesellschaft verstehen lernen. Wir müssen erkennen, wie Mutterstörungen durch soziale Verhältnisse erzwungen und vermehrt werden und dann von Frauen – unbewußt und ungewollt – an ihre Kinder weitergegeben werden.

Es besteht offensichtlich ein allgemeines Interesse daran, daß Menschen neurotische Konflikte entwickeln, die sich um Streit, Neid, Eifersucht, Kränkung, Rivalität und Gewalt drehen. Sie belasten damit das gegenwärtige Leben anderer Menschen und vergällen ihnen das Zusammenleben. Andererseits füllen diese Konflikte die Zeit aus, sie binden Lebensenergien, um nicht die frühe Leere und Haltlosigkeit, den Gefühlsstau aus tiefer seelischer Not und die wahre Schuld in den frühen Verhältnissen zu entdecken. Die Eltern als Täter, gewalttätige Geburten, autoritäre Erziehung und narzißtischer Mißbrauch der Kinder als konstituierende Merkmale unserer Gesellschaft, das wäre eine so ungeheuerliche Tatsache, die einfach nicht wahr sein darf.

So sind die meisten Menschen, tatkräftig unterstützt von den Medien, die vor allem äußere Unglücke und Konflikte zu Nachrichten machen, damit beschäftigt, ihr Leiden an den heutigen Verhältnissen festzumachen, wie z. B. an den politischen Krisen, den Zukunftsbedrohungen, sozialem Unrecht oder öffentlichen Skandalen. Es sei nicht bestritten, daß schlimme Verhältnisse sehr unangenehme Folgen für den einzelnen zeitigen können. Andererseits bieten eben auch die schlechten Nachrichten, die als seelische Belastung ohne großen Widerspruch akzeptiert werden, letztlich die Möglichkeit, die tiefen Wurzeln der Lebensnot zu übersehen. Natürlich muß man dabei auch daran denken, daß Lebensunglücke gelegentlich auch unbewußt inszeniert werden, um sich solche äußeren realen und bewußten Begründungen zur inneren Entlastung zu verschaffen. In der psychotherapeutischen Praxis gehört es zu den alltäglichen Erfahrungen, daß Menschen sich dann, wenn ihnen Liebe und Lust möglich werden, mitunter verletzen, einen Streit provozieren oder eines der unendlichen Unglücke dieser Welt thematisieren oder einfach nur davonlaufen, um auf ihrem Level negativer Erfahrungen verweilen zu können. Nur wenige Menschen sind bereit zu erkennen, daß sie nicht nur Opfer sind, sondern auch Täter ihres Unglückes und als solche unbewußt fortsetzen und reinszenieren, was ihnen selbst einmal angetan worden ist.

Für meine Überlegungen in diesem Buch sind die schweren und eher seltenen «Frühstörungen», die als Psychosen, Borderline-Syndrome, als narzißtische und schizoide Persönlichkeitsstörungen in der Psychiatrie und Psychotherapie behandelt werden, nur die Spitze des Eisberges einer ungleich größeren Zahl von Frühstörungsanteilen in sehr vielen Menschen unserer Zeit. Die Art und Weise, wie im letzten Jahrhundert – nur diese Zeit will ich in die Perspektive nehmen – Geburten durchgeführt und Kinder erzogen wurden, wie sich das autoritäre Syndrom ausbreitete und sich Sekundärtugenden von Gehorsam und Leistung, von Disziplin und Ordnung zu allgemeingültigen gesellschaftlichen Normen entwickelten, läßt die Hypothese zu, daß die Mehrzahl der Menschen über Störungen der Mütterlichkeit frühe Verletzungen erlitten hat und immer noch erleiden muß. Die deutschen Gesellschaftspathologien des vergangenen Jahrhunderts und die Beteiligung von Millionen Deutschen an kollektiven Verbrechen (wie Krieg und Holocaust) bringe ich in einen Zusammenhang mit den psychosozialen Folgen «früher Störungen».
Ich will mich im folgenden den «durchschnittlichen» Früh-

störungen zuwenden, die nicht etwa weniger belastend für den einzelnen und weniger bedrohlich für die Gesellschaft wären, sondern nur lange kaum sichtbar werden, da eben sehr viele Menschen davon betroffen sind und das daraus resultierende Verhalten dann nicht mehr auffällt. In jeder Gesellschaft bilden sich Verhaltensweisen und -normen heraus, die Ausdruck der beschriebenen Mutterstörungen sind. Wir müssen mit der bitteren Tatsache leben, daß die Folgen der frühen Verhältnisse, sobald eine größere Zahl von Menschen oder sogar die Mehrheit einer Bevölkerung davon betroffen ist, eine gesellschaftliche «Normalität» entstehen lassen, in der die frühe Pathologie eingefroren ist. Davon beeinflußte Politik, Erziehungsstile und Umgangsformen, transportiert über den wachsenden medialen Einfluß, bestimmen dann wieder die Bedingungen für die frühen Lebensumstände, für Mutterschaft und das Verständnis von Mütterlichkeit.

2. Der «frühgestörte» Mensch als Durchschnittsbürger

Die wesentlichen psychosozialen Folgen gestörter und mangelhafter Mütterlichkeit, die sich auf das Sozialverhalten des Menschen und damit auf gesellschaftliche Verhältnisse nachhaltig auswirken, erwachsen aus existentieller Scham, aus der Erfahrung von Verlassenheit und Verlorenheit, aus einem chronischen psychosozialen Mangelsyndrom und einer erzwungenen Außenorientierung. Die frühe Scham führt zur Entsolidarisierung und Vereinzelung in der Gesellschaft, das Mangelsyndrom macht süchtig, und durch die Außenorientierung geht der Kontakt zu sich selbst und damit zur Natur verloren.

«Ich bin nicht genug» – die frühe Scham Frühe Scham ist eine nahezu zwangsläufige Folge der ungenügenden pri-

mären Annahme und Akzeptanz bzw. der grundsätzlichen Ablehnung des Kindes durch seine Mutter und führt zur Selbstabwertung. So entsteht eine Existenzscham: «Weil ich lebe, habe ich mich zu schämen.» «Da ich nicht gewollt bin, nicht leben sollte, bin ich prinzipiell falsch.» «Ich kann machen, was ich will, es ist nichts richtig oder nichts gut genug.» «Ich bin eine Last, eine Zumutung, ich störe, ich behindere – es wäre besser, mich würde es nicht (mehr) geben.» «Ich bin nicht (lebens-)berechtigt!»

Das Kind wird durch seine bloße Existenz beschämt. Aber es will nicht nur angenommen und geliebt sein, sondern auch jemanden lieben dürfen. Die Liebe hat zwei Seiten: zu lieben und geliebt zu werden. Aber häufig stehen die Eltern auch für das Liebesbedürfnis des Kindes nicht zur Verfügung, entweder weil sie zu oft abwesend sind oder weil sie Liebesbezeugungen nicht mehr aushalten. Zu sehr ist ihr eigenes Liebesbedürfnis ehemals frustriert worden. So geben sie dem Kind keinen Widerhall, und es muß sich in seinem Bedürfnis, zu lieben, falsch und verkehrt fühlen, was auch frühe Scham auslöst.

Mitunter kann die Liebe des Kindes von der Mutter nur sexualisiert beantwortet werden. Dann empfindet sie vielleicht beim Stillen sexuelle Erregung und fühlt sich durch Körperkontakt mit dem Kinde erotisch stimuliert. In den späteren therapeutischen Analysen davon betroffener Patienten löst die Einsicht in diese für das kleine Kind verwirrenden Erfahrungen meist heftigen Ekel aus.

Frühe Scham ist psychodynamisch eine häufige Ursache für Suizidversuche und Suizide, in der Regel drückt sie sich jedoch in destruktiven Lebensformen mit selbstschädigendem Verhalten aus: Rauchen, Saufen, Fressen, eigene Vernachlässigung, riskantes Autofahren, gefährliche Sportarten, Tätigkeiten, die sonst niemand machen will. Bei allem herrscht die Ambivalenz von Selbstabwertung und Anerkennungswunsch bzw. von Genuß, der mit Schuldgefühlen einhergeht. Die Genußmittel werden übermäßig konsumiert, damit das schlechte Gefühl bestehenbleibt, wenn man sich schon mal etwas «Gutes» gönnt. Frühe Scham ist ein tragischer Antrieb zu nie wirklich befriedigenden Anstrengungen. Höchstleistungen können auf diese Weise erreicht werden, aber immer mit der Ungewißheit, ob es schon gut genug sei, und mit dem Stachel, daß man es doch noch besser hätte schaffen können. So quält man sich bis zum Weltmeister oder Olympiasieger, kämpft sich verbissen die Karriereleiter hoch und flüchtet als Star in die Distanz der Unberührbarkeit. Die Existenzscham braucht Schminke, Bühne, Medaillen, Orden, Urkunden und Titel, der Selbstzweifel braucht süchtigen Erfolg, die Minderwertigkeit sucht Macht, die seelische Verarmung will sich mit materiellem Reichtum entschädigen.

Eine wirkliche Erfolgsfreude aber mag sich dennoch nicht einstellen. Gratulationen und Auszeichnungen können nur widerwillig akzeptiert werden, sie lösen Peinlichkeit und Angstschweiß aus, und oft wird alles daran gesetzt, eine Anerkennung zu vermeiden oder herunterzuspielen: «… ist ja gar nicht so toll», «ist doch meine Pflicht», «ist doch selbstverständlich», «nun ist aber genug!» Auf dem Siegerpodest, im Augenblick der höchsten Anerkennung, brechen endlich die Tränen durch und künden – peinlich und verschämt – von der versteckten Qual der Anstrengung und Sehnsucht. Oder der Sieg löst bereits den Zwang zu neuer Anstrengung aus, so daß die tiefe Scham trotz höchsten Erfolgs gesichert bleibt. Jeder Streß ist höchst willkommen, um von der eigenen tiefen Verletzung abgelenkt zu werden. Die vermeintliche Bescheidenheit ist in diesen Fällen nur die Abwehr der Existenzscham.

Geburtstage werden meist nicht gefeiert, Geschenke abgelehnt, höchstens als Spende für einen guten Zweck geduldet. Sich selbst würdigen und feiern zu lassen erscheint undenkbar, peinlich, zum Davonlaufen. Kleinste Fehler lösen Unwertgefühle, gar Panik aus. Tadel durch Eltern sind äußerst bedrohlich, bereits eine bedenkliche oder ablehnende

Geste wird als vernichtend erlebt. Schon eine «2» in der Schule kann schwere depressive Zustände auslösen, eine verpatzte Prüfung oder ein erster Liebeskummer können zum Selbstmord führen. So wie die Anerkennung für eine erfolgreiche Leistung nicht wirklich angenommen werden kann, wird die Kritik aber nahezu begierig aufgesaugt und führt zu quälenden Selbstvorwürfen.

Frühe Scham zwingt viele zum Rückzug, zur Flucht, zur Vereinzelung. Man fürchtet, sonst lästig oder aufdringlich zu sein. Eigene Wünsche zu nennen oder gar Forderungen zu stellen ist undenkbar, man möchte auf keinen Fall auffallen und hat schon Schwierigkeiten mit Niesen, Husten und dem Erheben der eigenen Stimme. Die Ausscheidungsfunktionen sind meist peinlich, man möchte weder gehört werden noch Geruch hinterlassen. Der Gefühlsausdruck ist meist schwer behindert, weil damit ja Aufmerksamkeit provoziert würde. «Stilles» Weinen, somatisiertes Leiden, unauffälliges Verhalten, übertriebene Bescheidenheit, Rückzug und selbstverständliches Dienen sind wesentliche Merkmale. Jeder Makel, den man an sich glaubt festzustellen, ist ein sicherer Beweis für den eigenen Unwert, jeder hilfsbedürftige Zustand wird unerträglich und bedrohlich, da es unmöglich erscheint, für sich Hilfe zu erbitten. Ein Gang zum Arzt wird so zur Qual, dagegen kann die Hilfsbereitschaft für andere schier unerschöpflich sein. Wenn man aber schon anderen zur Last wird, verliert man den letzten Rest an Existenzberechtigung.

In der Partnerschaft zwingt die frühe Scham in eine inferiore Position, die aus Dienen, Leiden und Sich-quälen-Lassen besteht. Natürlich darf nicht vergessen werden, daß die erlebte und oft auch provozierte Abwertung auch den ganzen narzißtischen Haß in sich birgt, der in Krisensituation durchbrechen kann. Auch bei der Arbeit, unter Freunden, in der Freizeit gilt das Motto: Ich bin nichts wert, ich tauge nichts, keiner mag mich, keiner hält es mit mir länger aus – während alle gegenteiligen Erfahrungen verleugnet, abgespalten oder durch Gegenagieren zunichte gemacht werden, bis tatsächlich wieder Ablehnung, Abwertung und Kritik das Selbstbild bestätigen.

Menschen mit früher Scham sind gequälte Menschen, durch nichts wirklich zu erfreuen oder zu begeistern. Ihnen ist das Leben eine Last, ein bloßes Daseinsglück unerreichbar. Entspannen und Loslassen sind unmöglich, dagegen bestimmen Anspannung – auch ohne gegenwärtigen Grund – und Anstrengung – auch ohne zwingende Notwendigkeit – die Grundhaltung. Vorsicht und Mißtrauen zwingen in die Distanz, Nähe wird bedrohlich, eine Not-Bescheidenheit und Selbstabwertung machen lustvolles Aufleben, Genießen und Feiern undenkbar.

Menschen mit früher Scham finden häufig in Helferberufen und in schweren, unattraktiven Arbeiten ihren gesellschaftlichen Platz, christlich inspirierte Ideologien bemänteln häufig ihre tiefe Not, oder sie stranden häufig als geduldige, leiderfahrene und sich in ihr Schicksal ergebende chronisch Kranke.

Susanne – ein ungewolltes Kind, sie war das dritte Kind nach einem 1 Jahr und einem 2 Jahre älteren Bruder. Sie sollte nicht zur Welt kommen, die Mutter war mit ihr völlig überfordert und verzweifelt über ihre Situation. Susanne lernte schnell, ganz bescheiden und unauffällig zu werden, ganz pflegeleicht. Sie konnte alle Entwicklungsleistungen vorzeitig (auf den Topf gehen, sich anziehen und waschen, sich selbst mit Essen versorgen usw.). Als 4 Jahre nach ihr noch eine Schwester geboren wurde, übernahm sie bereits als Kind mütterliche Funktionen. Weinen, Jammern und Klagen hatte sie früh aufgegeben, denn die Mutter reagierte mit gereizter Verzweiflung darauf, aber durch fleißiges Helfen und frühe Eigenständigkeit war sie bei der Mutter akzeptiert und bekam hin und wieder ein lobendes Wort, häufiger aber doch den Ansporn, Mutter noch mehr zu unterstützen, wenn diese wieder mal ganz aufgelöst und hilflos über ihre Situation jammerte. Sie fühlte sich dann schuldig, und es war ihr peinlich,

Mutter eine solche Last zu sein. Ihre wichtigste Befriedigung wurde das Essen. Sie hatte schon beim Füttern der kleinen Schwester Reste heimlich aufgegessen und sich damit ein ständiges schlechtes Gewissen gesichert.

Sie wurde Krankenschwester und fühlte sich durch eine Tätigkeit auf der Intensivstation besonders herausgefordert und verrichtete den belastenden Dienst klaglos und zuverlässig. Sie fühlte nicht mehr das tragische und oft unerträgliche Schicksal ihrer Patienten. Sie blieb unverheiratet und kam 43jährig wegen einer schweren depressiven Krise nach einer Brustkrebsoperation zur Psychotherapie.

Sich nirgendwo zu Hause fühlen – die frühe Verlassenheit
Wir sehen häufig Menschen, die sich wie Verlorene und Verirrte verhalten. Der Blick ist meist unstet und geht nicht selten in die Leere. Unbeobachtet und allein, fallen sie durch ihren verlorenen Blick auf. Man kann diesen ruhelos umherirrenden Blick, die den Kopf nach vorn streckende Suchhaltung häufig bei Partys und Gesellschaftsabenden, bei Menschenansammlungen und in Kaufhäusern beobachten, ohne daß eine vermißte Person oder begehrte Ware gefunden würde, denn bei jeder Begegnung und jedem Fund irrt nach kurzer Zeit der Blick schon weiter. Die frühe Verlassenheit will endlich ankern dürfen, aber nichts und niemand ist später noch gut genug dafür. Im Gespräch sind sie kaum zu erreichen, der Kontakt bricht schnell wieder ab und mündet in Floskeln. Man gewinnt als Gegenüber den Eindruck, der Gesprächspartner ist nicht wirklich da, irgendwie entrückt, für sich allein, ohne daß man in eine emotionale Schwingung mit ihm kommen könnte.
Niemand anderes als die Mutter kann die grundlegende Daseinsberechtigung vermitteln. Egal, was sie denkt und tut, die Annahme oder Nichtannahme ihres Kindes überträgt sich immer auch «energetisch», «atmosphärisch», über den Körper- und Blickkontakt, über die Gesamtheit ihrer Verhaltensmuster. So kann sie ihrem Kind Ablehnung, Un-

117

verständnis und genervte Überforderung vermitteln, auch wenn sie selbst davon gar nichts wahrnehmen mag und wahrhaben möchte. Sie überträgt andererseits aber auch ihr grundsätzliches unerschütterbares Wohlwollen, auch wenn sie mal schimpft oder auf andere Weise ihre Unzufriedenheit mit dem momentanen Verhalten des Kindes zum Ausdruck bringt.

Die zugewandte Mutter schafft die Basis für ein Grundgefühl von Beheimatet-Sein. Wenn es zwischen Mutter und Kind aber an grundlegender Verständigung mangelt, dann bleiben latent eine Existenzangst und Bindungsschwäche, mit denen sich der Betreffende nirgendwo wirklich zu Hause fühlen kann. Wer sich nicht durch frühe Bestätigung in sich beheimaten kann, wird zeitlebens herumirren mit der Hoffnung, sich «außen» irgendwo festhalten zu können. Dann werden auch Begriffe wie Vaterland, Heimat, Nation zu hehren Werten, religiöse Glaubensinhalte zu Dogmen, politische Überzeugungen zu Ideologien, die Halt geben sollen. Nationalismus, Rassismus, Fundamentalismus sind neben ihren politischen und sozialen Ursachen psychologisch vor allem der Ausdruck einer inneren Heimatlosigkeit, die durch Überbetonung von einer besonderen Zugehörigkeit ausgeglichen werden soll. Die tatsächlich erlebte oder provozierte oder auch nur phantasierte äußere Bedrohung liefert dann die Bestätigung für die schon längst empfundene Infragestellung der eigenen Existenz.

Aus dieser Perspektive müssen wir uns auch der Überlegung stellen, daß mörderische Kriege von einer großen Zahl von Menschen nicht nur willig und begeistert geführt, sondern nahezu gebraucht werden. Nicht nur um einen «Gefühlsstau» abzureagieren, sondern um am Ende verletzt, seelisch beschädigt, ausgebombt und vertrieben zu sein, um damit der schon längst erlebten «verletzten» seelischen Realität endlich einen faßbaren äußeren Grund zu geben.

Der irrwitzige und verbrecherische Glaube der Deutschen, wertvoller zu sein als andere, über andere Völker

118

herrschen zu wollen oder sie gar vernichten zu dürfen, entspricht einem Größenwahn, wie ihn häufig frühverletzte und verstörte Menschen als «rettende» Überkompensation entwickeln. Das Unmenschliche ihres Tuns ist dann Resultat ihres Wunsches, ihr eigenes frühes Schicksal auf eine Bühne zu bringen und unbewußt vollenden zu wollen. Das «Volk ohne Raum» – eine geographisch und ökonomisch maskierte Metapher für die als Kind erlebte in Frage gestellte Existenzberechtigung – erzwingt sich so mit mörderischer Energie den Verlust von Raum, der nicht nur materiell, sondern auch symbolisch für den Verlust an Ehre, Würde und Menschlichkeit steht. Wessen Leben nicht bestätigt und in seiner Einmaligkeit bejaht worden ist, der wird sich auf immer bedroht fühlen, mißtrauisch und paranoid reagieren, schlimmstenfalls zum Amoklauf neigen und aus Selbsthaß heraus sein Schicksal gerne an andere weitergeben oder abreagieren wollen. Das unbewußte Ziel eines Krieges ist also nicht unbedingt der Sieg, und schon gar nicht sind es die öffentlich erklärten politischen und ökonomischen Gründe, sondern die schon längst erlebte, eigene existentielle Niederlage wird reinszeniert, denn Tod und Verlust sind in jedem Krieg gesichert. So gestaltet die seelische Realität die äußere Welt. Ein Befund, der sich auch im kleinen bei unzähligen Menschen wiederfindet: Man heiratet den Partner, an dem man schließlich leiden kann, man sucht den Chef, der einen schlecht behandelt, man findet die Arbeit, die einen überfordert oder die keinen Spaß macht, man provoziert mit «tod»-sicherer Gewißheit die schlechten Seiten des Lebens – also Verhältnisse und Orte, in denen man sich auf keinen Fall zu Hause fühlen kann. Am Anfang versetzten einen Verliebtheit, Begeisterung und Aufbruchstimmung in eine Art Rauschzustand, um die Anzeichen eines möglichen Irrtums zu übersehen, bis im nüchternen Zustand die enttäuschende Realität erkennbar wird.

Die Mutter vermittelt das Ja zum Leben, ohne daß sie davon etwas wissen müßte, oder sie übermittelt ein Nein, das sie selbst nie für möglich halten würde, weil sie durchaus etwas anderes von sich glauben mag. Die Mutter schenkt für das Leben Grund und Halt oder erzeugt Abgrund und Verlorenheit. Trifft letzteres zu, sind die Betroffenen als Erwachsene bindungsgestört und leben beziehungslos, am liebsten als Single mit distanzierten Internet-Chats. Die Zahl derer scheint zuzunehmen, denn nur eine innere Heimatlosigkeit läßt Menschen eine Lebensart mit wachsender Flexibilität und Mobilität, mit Anonymisierung und Austauschbarkeit akzeptieren, ja geradezu süchtig fordern, um die innere Verlorenheit in eine äußere halbwegs lebbare Grenzenlosigkeit und moderne Bindungslosigkeit zu verwandeln.

Ewig auf der Suche sein – die ungestillte Sehnsucht
Wenn die Zuwendung der Mutter schwach bleibt und ihre Reaktionen auf das Kind dessen Realität nicht gut erfassen, bleibt die Selbsterfahrung des Kindes eingeschränkt und wird verzerrt. Das Kind verbleibt in einem Zustand mangelhafter Bestätigung und Befriedigung. Seine Sehnsucht findet keine Erfüllung. Die quälende innere Bedürftigkeit sucht außen Mittel und Möglichkeiten, sich irgendwie ersatzweise zu befriedigen.

Was die Mutter nicht geben konnte, wird auf immer zur ersehnten Suche. Aber alles, was gefunden wird, kann nicht die Sehnsucht stillen. Der Mensch auf ewiger Suche, mit dem immer wiederkehrenden Gefühl: Das kann es doch noch nicht gewesen sein! So vergehen die Jahre wie in einem Wartezimmer des Lebens, in ewiger Unruhe, das richtige, das wirkliche Leben zu verpassen. Alles Tun bleibt provisorisch mit der Hoffnung auf etwas, das noch kommen soll und häufig nicht einmal benannt werden könnte.

Kein Erfolg befriedigt wirklich, kein Ergebnis schenkt Entspannung. Alles Neue wird zur Versuchung, und Angebote werden zur Verführung. Beratung und Führung bleiben so wichtig wie Wasser und Brot. Was innen nicht da ist, wird außen gesucht. Die innere Leere kann sich mit allem füllen wollen, Hauptsache, man entgeht damit der ungestillten Sehnsucht. So kann selbst Böses, Verletzendes, Demütigendes und Entmündigendes erträglich und Nichtiges und Banales bedeutsam werden. Falsches und Verlogenes kann anbetungswürdig, Schrilles und Verrücktes kann faszinierend werden, wenn es im Dienst der Sehn-Suche Ablenkung ermöglicht und dem Bedürfnis verhilft, in kurzer Trance zu entkommen.

Suchende Menschen verwandeln den Gebrauchswert der Waren in den Marktwert, sie huldigen den Markenartikeln und opfern sich der Mode. Äußerlichkeiten bestimmen ihr Leben, um Innerliches zu vergessen. Sie können stundenlang und bis ins nichtigste Detail über Externales reden, um ganz sicher jedes internale und persönliche Wort zu vermeiden.

Menschen auf der Suche zappen sich durch die TV-Kanäle, surfen im Internet und irren suchend durch die Kaufhäuser. Sie bleiben bis zur Erschöpfung der Illusion verhaftet, daß sie endlich finden und bekommen, was längst verloren ist. Selbst wenn sie wirklich etwas Tolles erleben, schrumpft der Genuß zur Enttäuschung, weil die gegenwärtige Erfüllung auch den vergangenen Mangel befriedigen soll.

Kein Partner kann je genug sein. Jede neue Partnerschaft endet bald wieder in der Enttäuschung, weil die auf den Partner gerichtete unbewußte Muttersehnsucht natürlich unerfüllt bleiben muß. Aber auf der Flucht vor dieser bitteren Wahrheit glaubt man lieber, aus der Vielzahl der Wahlmöglichkeiten sei nur noch nicht der Richtige/die Richtige gefunden worden. So wird immer wieder das Unerreichbare leidvoll beklagt, statt das Erreichbare auszubauen und zu genießen. Die ungestillte Sehnsucht wird zum Antreiber, der an den Möglichkeiten der Realität vorbeizielen läßt, der jedes kleine Glück verachtet und der ein ruheloses Leben beschert für eine Hoffnung, die schon längst auf immer verloren ist.

Nie genug haben – der frühe (Liebes-)Mangel Liebe ist durch nichts wirklich zu ersetzen. Aber auf der Flucht vor dem tiefen Schmerz des Liebesmangels wird alles genommen, was man bekommen kann. Aber nichts davon kann wirklich befriedigen. So hat man nie genug, und die Spirale der Erwartungen und der Ansprüche schraubt sich immer höher. Die Erfolglosigkeit der Erfolge wird schließlich gar nicht mehr wahrgenommen, weil das Streben nach immer mehr zur Selbstverständlichkeit geworden ist.
Die verbleibende Unzufriedenheit kennt nur eine Antwort: weitere Bemühungen. So wird der Weg in jede Sucht gebahnt. Dies ist wohl die wichtigste Erkenntnis, um Süchte zu verstehen und wirkungsvoll behandeln zu können, daß es nicht die «Drogen» sind, die süchtig machen, sondern daß der bedürftig gebliebene Mensch sich süchtig verhält – auf ewiger Suche, weil nie mehr genug von dem zu haben ist, was er nie bekommen hat. Die Suchtmittel, von Alkohol bis zur Arbeit, von den harten Drogen bis zum Geld, selbst Nahrung, Sex und Spiel, dienen der ständigen Ablenkung, der angestrengten Beschäftigung, dem krampfhaften Vergnügen und der giftigen Betäubung, um dem ungestillten frühen Liebesmangel zu entkommen. Das «Nie-genug-Haben» macht alles zur «Droge». Nie-genug-Haben ist selbst eine Sucht, deren Droge alles ist, was man hat und tut und erreicht, weil es eben nie genug ist. Und es kann nie genug sein, weil verlorene Liebe durch keine Anstrengung erreicht und durch nichts und niemanden ersetzt werden kann. Auch Partnerliebe ersetzt keine Mutterliebe.
Das Nie-genug-Haben vieler Menschen treibt die soziale Gemeinschaft in eine Sucht-Gesellschaft: immer mehr, weiter, schneller, höher, besser, reicher, gesünder, glücklicher. Aber die Natur ist zyklisch, das Leben rhythmisch. Die Schattenseiten können nicht eliminiert werden. Auch wenig,

122

eng, langsam, niedrig, schlecht, arm, krank und unglücklich gehören zum normalen Leben. Wenn aber solche Erfahrungen verleugnet und nicht angenommen werden, um die Erinnerung an unangenehme frühe Erlebnisse zu vermeiden, werden wesentliche Teile des Lebens diskriminiert, und es wird eine verlogene Lebenseinstellung kultiviert.

Ausreichende frühe Liebe aber würde immun machen gegen Süchtigkeit. Es gäbe kein prinzipielles Leer-Geblieben-Sein, das mit allem vollgefüllt sein möchte, um etwas Entspannung zu erfahren, sondern die erfüllte Erfahrung von Geliebt-Sein würde eine Befriedigungsbasis schaffen, auf deren Grundlage alle Bedürfnisse kommen und gehen im Rhythmus ihrer Notwendigkeit, ohne daß auf irgendein Bedürfnis die Liebessehnsucht aufgesattelt werden müßte. Weder im Kühlschrank noch aus der Flasche, noch im Bett oder im Gebet ist zu finden, was die Mutter schuldig geblieben ist. Nur wer es wagt, den Muttermangel zu fühlen, muß sich nicht mehr an allen anderen erreichbaren Befriedigungsmöglichkeiten «besaufen».

«Wer oder was macht mich glücklich?» – die bleibende Abhängigkeit Der Muttermangel, der nicht wahrgenommen werden darf und nicht gefühlt werden will, schafft eine nach außen gerichtete Abhängigkeit. Eine «gute Mutter» kann nicht zu einer Bestätigungs- und Befriedigungsquelle nach innen genommen und zu einer inneren Instanz gemacht werden, aus der Erlaubnis und Gewißheit für lustvolle Augenblicke wie auch die Fähigkeit zur (Selbst-)Befriedigung erwachsen könnte: Wie mir die Mutter Liebe gezeigt und was sie mir geschenkt hat, kann ich nun zur eigenen Sache machen. Ich bin durch die Mutter in einen «Kreislauf der Liebe» eingeführt worden, wodurch die eigene Liebesfähigkeit entwickelt und vielfältige Befriedigungsmöglichkeiten gelernt werden können.

Eine solche Lehre aber bleibt den meisten Kindern verwehrt. Und wenn sie nicht gelehrt werden, zu lieben und sich zu befriedigen, bleiben sie abhängig von Personen, Dingen und Ereignissen, die Erfüllung verheißen. Die Hoffnung oder der Anspruch, durch jemanden oder durch etwas glücklich gemacht zu werden, verrät das innere Unglücklich-Sein. Durch Einflüsse von außen sollen wohltuende Wirkungen entfaltet oder wenigstens von schmerzhaften Mangelzuständen abgelenkt werden. Aber selbst die besten «Glücksbringer» können ihre befreiende und befriedigende Wirkung nicht entfalten, solange die frühe Not verborgen bleiben soll. Dann ersticken die frühe Scham, nicht berechtigt oder gut genug zu sein, und die Überzeugung, nie genug bekommen zu haben, jede Bestätigung und Zufuhr.

Diese immer wiederkehrende Enttäuschung führt aber nicht etwa zur Einsicht in den inneren Mangel, sondern nährt viel mehr den verhängnisvollen Antrieb, nach noch besseren «Erlösern» zu suchen. So bekommen Waren Fetischcharakter, einfache Parolen können dann wie Verheißungen klingen, und man verfällt leicht dem Einfluß suggestiver Menschen. Der seelische Mangel verleiht Konsumartikeln einen besonderen Wert, stilisiert Künstler zu Stars und Idolen, macht charismatische Persönlichkeiten zu Führern und Erlösern. So führt innere Not leicht zu Illusionen, zur Verblendung und in Versuchung und Verführung.

Der schmerzhafte frühe Mangel an Bestätigung und Befriedigung zwingt die Wahrnehmung nach außen – weg von dem, was unerträglich weh tut, hin zu anderen Hoffnungsträgern von Befriedigung und ersehnten Chancen der Erfüllung. Dieser Verlust an Innenorientierung, an Selbst-Kontakt, das nicht mehr wissen, was man wirklich braucht, was einem guttut oder nicht, macht abhängig von Fremd-Bestätigung, davon, daß immer jemand sagt, was jetzt richtig oder falsch sei und wie man sich verhalten soll.

Die projizierten Wünsche verleihen Waren menschliche Eigenschaften und Fähigkeiten (sie versprechen Frische, Jugendlichkeit, Dynamik, Ansehen, Erfolg, Gesundheit), der innere Mangel an Bestätigung gibt Autoritäten übermäßige

124

Macht, die erfahrene Lieblosigkeit richtet illusionäre Erwartungen an jeden Liebespartner, die nur in der Enttäuschung und oft genug im Haß enden können.

Die Abhängigkeit von äußerer Bestätigung und Befriedigung verwandelt unsere Welt durch falsche Anstrengungen, durch feindselige Konkurrenz, durch ewige Suche und enttäuschte Illusionen in einen Tummelplatz der Eitelkeiten, in ein Kampffeld süchtiger Leistungen und in Aufmarschgebiete militanter, fundamentalistischer und radikaler Verführer.

3. Die «Gesellschaftsspiele» der Frühgestörten

Ich habe bislang darzustellen versucht, wie sich die individuellen Folgen von Mutterstörungen im späteren Sozialverhalten des Kindes ihre Kompensation suchen oder sich in der «Normalität» verbergen wollen. Daran anschließend will ich deshalb im weiteren typische und weitverbreitete Beziehungsformen beschreiben, die aus den «frühen Störungen» erwachsen und die die Kultur des sozialen Zusammenlebens wesentlich beeinflussen.

«Ich halte mir mein ‹Schwein›!» Muttermangel und Mutterstörungen sind für das Kind sehr bedrohliche Erfahrungen, die um so wirksamer sind, als sie von ihrer Wahrnehmung und Erkenntnis strikt ausgeschlossen werden. Dafür hält die menschliche Seele gnadenvoll Funktionen bereit, die helfen, frühe Traumatisierungen zu verleugnen und damit das psychische Überleben zu sichern. Aber das mit jeder tiefen Verletzung einhergehende Bedrohungsgefühl, die Panik, Empörung, der Haß und die schmerzliche Erschütterung sind damit nicht beseitigt, nicht ungeschehen gemacht, sondern bleiben nur der bewußten Wahrnehmung verborgen. Es existieren sprachliche, symbolische und körperbezogene affektsensorische und affektmotorische Erin-

nerungen, die entweder spontan in verschlüsselter Form (häufig als körperliche Symptome) wieder auftreten, in Streßsituationen oder mittels geeigneter therapeutischer Methoden mit bewußtseinsverändernden Techniken (z. B. Tiefenatmung) reaktiviert werden können. Ich arbeite in folgendem zum einfacheren Verständnis mit der Metapher vom «Gefühlsstau», mit dem beschrieben werden soll, daß frühe psychosoziale Defizite und Traumata emotional verarbeitet werden müssen. Geschieht dies nicht, bleibt eine krankmachende Aufstauung unerledigter Gefühle zurück, die die Grundlage für vielfältige Krankheitssymptome, körperliche Funktionsstörungen und Charakterstörungen bildet, wodurch wiederum eine verschlüsselte Abfuhr der unbewältigten Gefühle und ein ersatzweiser Energieverbrauch möglich werden.

Eine hervorragende Möglichkeit, unerlöste aggressive Spannung in kleinen Portionen immer wieder aufs neue abzuführen, ist das «Spiel»: «Ich halte mir mein ‹Schwein›!». Gemeint sind immer die anderen, die an den eigenen seelischen Spannungen schuld sein sollen. Besonders geeignet dafür sind Ehepartner, schwierige Kinder, böse Schwiegermütter, lästige Nachbarn, ungerechte Vorgesetzte, Andersdenkende, Andersartige, sozial Schwache und Fremde. Dabei werden Fehler und Schwächen, die bei jedem Menschen leicht zu finden sind, oder real vorhandenes schlechtes und böses Verhalten benutzt und aufgebauscht, um sich erregen und ärgern zu können, um der schon lange vorhandenen Wut endlich eine Adresse zu geben. Das millionenfache Leiden an Partnern, die heftigsten Nachbarschaftsstreitigkeiten um Nichtigkeiten, das ständig kränkende Gefühl von Ohnmacht und Ausgeliefertsein gegenüber Chefs, Vorständen, Bürokraten und politischen Entscheidungsträgern bis hin zum irrationalen Haß und der unbegründeten Gewalt gegen Ausländer finden in der seelischen «Notwendigkeit» eine Erklärung, daß die Wurzeln der Aggressivität unbedingt verborgen bleiben sollen. Kaum ein Täter von heute,

der nicht ehemals Opfer gewesen wäre. Ohne frühe seelische Verletzung ist kein Mensch zur Gewalt – ohne wirkliche Not und Gefahr – bereit, denn sein gesundes Interesse
besteht an Beziehung, Austausch und Verbundenheit, nicht
aber an radikaler Distanzierung und vernichtender Abwertung. Nur die Kränkung der eigenen Seele und die erfahrene Nichtigkeit der eigenen Person lassen Menschen zu Ge-
walttätern und Mördern werden. Nur der innere Kriegs-
schauplatz läßt eine Kriegslust entstehen, die ein perverses
Vergnügen am Schießen, Bomben, Brandschatzen und Ver-
gewaltigen finden kann.

*Christa war in ihrer Ehe oft geschlagen worden, sie litt an
der Brutalität ihres oft betrunkenen Ehemannes, bis sie herausfand, daß sie selbst Opfer einer Verwünschung ihrer Mutter war:
«Dich will eh keiner!» – So war sie an einen Mann geraten, der jenen Satz in die Tat umsetzte, indem er sie mißhandelte. Ihr wurde
sogar deutlich, wie oft sie ihn gereizt hatte, bis er «endlich» wieder
auf sie einschlug. Dann konnte sie ihn mit Inbrust und Recht beschuldigen und beschimpfen, was er doch für ein Schwein sei. Das
hatte sie 18 Jahre lang mitgemacht!*

*Susan war mit ihrer altruistisch-bescheidenen, sich aufop-
fernden Lebensart in eine depressive Krise geraten, ausgelöst
durch eine Kränkung bei der Arbeit, als eine Kollegin bei der Be-
förderung ihr vorgezogen wurde, die zwar schlechtere Arbeitslei-
stungen erbrachte, aber attraktiver und frecher war als sie. In Susan löste das ein ihr schon lange bekanntes Gefühl von Ohnmacht und Verzweiflung aus, wonach sie schon immer ungerecht
behandelt werde und «Undank aller Mühen Lohn» sei. Sie haßte
und verachtete ihren Chef dafür und beschimpfte ihn heimlich
«sexistischen Macho».
In der Analyse ihrer Entwicklungsbedingungen fand sie heraus,
daß ihre depressiv-leidende Mutter sie mit großem Nachdruck
immer angehalten hatte, ihr im Haushalt und bei der Betreuung
jüngerer Geschwister zu helfen. Dafür hatte sie Mutter hin und*

wieder über ihren Kopf gestreichelt – das war die einzige körper-
liche Berührung, an die Susan sich erinnern konnte – und zu
ihr gesagt: «Ach, wenn ich dich nicht hätte, dann wüßte ich gar
nicht, wie ich das alles schaffen sollte – das ist mir einfach alles
zuviel!»

Diese Worte standen praktisch wie eine suggestive Leuchtschrift
über ihrem Leben und gaben ihr Halt und Orientierung. Aller-
dings wirkten sie auch wie ein innerer Antreiber, sich für andere
selbstlos aufzuopfern. Sie fand allerdings nie so viel Anerken-
nung, daß sie in ihrem Bemühen für andere hätte nachlassen
können, aber in ihr wucherte allmählich eine Lebenseinstellung,
daß doch alles so schwer und ungerecht sei, erst recht nach der
Wende jetzt in Ostdeutschland, wo die «gelackten Wessi-Bosse»
nur ihre Vorteile suchen würden, ohne die «bescheidenen Ossis»
überhaupt würdigen zu können.

«*Du bist schuld!*»   Nahe verwandt mit der Notmaß-
nahme «Ich halte mir ein ‹Schwein›!» ist die alle Beziehungen vergiftende Lebenseinstellung: Du bist schuld! Für alle
Nöte, Krisen und Unglücke, in die ein Mensch geraten
kann, wird ein Schuldiger gesucht und benannt, um niemals
die eigenen Anteile erkennen zu müssen. Enttäuschungen,
Kränkungen, Demütigungen und Ungerechtigkeiten werden einem immer nur von anderen zugefügt; das Opfer erlebt sich selbst dagegen schuldlos und hat eine kämpferi-
sche Tendenz zur Verfolgung der vermeintlichen und wirklichen Täter. Natürlich kann man in dieser selbstgerechten
Pose sehr drastisch in verschlüsselter Form auf das eigene
frühe Schicksal aufmerksam machen als ein Opfer von Muttervergiftung. In diesem Zusammenhang stimmt sogar die
Formel: Du bist schuld! – Wenn damit das Versagen der
Mutter angesprochen würde. Aber gerade dies soll ja auf jeden Fall verhindert werden. So wird die Schuld anderen zugesprochen, die damit ungerechterweise zu Tätern gestempelt werden.

Die Tragik dabei ist zwiefach: Der «Spieler» mit der ver-

meintlichen Trumpfkarte «Du bist schuld!» verhindert eine
für sein Leben dringend notwendige Selbsterkenntnis über
die Wahrheit seines Unglücks, und darüber hinaus verfolgt
er und belastet damit Unschuldige. «Du bist schuld an unserer Scheidung.» «Du machst mich nicht glücklich.» «Über
dich muß ich mich nur ärgern.» «Seitdem du bei uns bist,
gibt es nur Probleme.» «Ohne dich wäre ich jetzt schon viel
weiter.» «Du hast mir die Karriere versaut.» «Du hat ange-
fangen!» «In diesem Staat durfte ich nicht studieren.» «Die
Ausländer nehmen uns die Arbeitsplätze weg.» «Die letzte
Regierung hat uns den Schuldenberg hinterlassen.» «Das
war die Mafia!»

Gewinn davon haben nicht nur Rechtsanwälte, politische Gegner und Rüstungsindustrielle, sondern jeder
einzelne, der nicht erkennen muß, wie giftig, gefährlich,
aggressiv er selber ist, aber auch wie schwach und bedürftig, wie gekränkt, eingeengt und gedemütigt die eigene
Seele ist. Die Unfähigkeit, lustvoll zu leben, die Schwierigkeiten, zu sich selbst zu finden, soll keine Folge der eigenen
frühen repressiven Geschichte sein, sondern dafür müssen
brauchbare Schuldige her, denen man anhängen kann, was
Mutter versäumt oder falsch gemacht hat und nun in einem selbst als giftige Last oder schmerzvoller Mangel ab-
gelagert ist.
Fast immer lautet der sehnlichste Wunsch, daß der Partner
oder die Partnerin sich doch bitte verändern möge, damit
die Beziehung besser werden könne. Oder der Streitpartner
müsse doch einsehen, daß er unrecht habe, sonst müsse halt
der Rechtsanwalt eingeschaltet werden. Und der politische
Gegner ist natürlich ein Betrüger und Lügner und ein Versager obendrein und müsse deshalb abgelöst werden. Der
Feind sei sehr gefährlich, bedrohe die Freiheit und müsse
selbst ausgeschaltet werden.
Die nicht vollziehbare, ja kaum denkbare Rache an der
Mutter findet so ihren irrationalen, aber hochwirksamen

Ausdruck, der zwar hinsichtlich der Affektstärke stimmt, in der Sache aber völlig überzogen ist, der Beziehungen tötet und das Leben vergiftet. So wuchern Verschwörungstheorien, Vorurteile, paranoides Mißtrauen, Sündenbockjagd und Feindbilddenken. Die latente Angst aus realer früher Bedrohung sucht sich Auslöser, Situationen, Personen und Verhältnisse, an denen man Phobien und Befürchtungen manifestieren kann. Ein Feind ist erkannt, der drängende Affekt wird «kurzschlüssig» abgeführt, die seelische Wahrheit bleibt verborgen, und näheabwehrende Distanzen werden in der Gesellschaft gesichert. Denn wenn keine Nähe entsteht, wird der eigentlich vorhandene Nähemangel nicht so deutlich gespürt, das schon längst bestehende defizitäre Weltbild bleibt unangetastet, die Enttäuschungswut verharrt im Unbewußten, bis sie sich aus geringem Anlaß nach außen entfalten kann.

«Das Leben ist schwer!» Karl-Heinz erzählt, wie Mutter ihn nicht ausgehalten habe, wie sie ihn kurz gehalten und nicht mal gestillt hatte. «Sie hat mich nur auf Sparflamme ertragen.» In der Analyse seiner Lebensgeschichte lernt Karl-Heinz die Situation seiner Mutter klarer zu sehen und den Einfluß ihrer eigenen Lebensenttäuschung und Resignation auf ihn und seine Entwicklung zu verstehen. Er litt darunter, daß er sich kaum freuen und sich selbst nichts gönnen konnte. Und wenn er doch mal etwas Freudiges und Lustvolles erlebte und erfolgreich war, bekam er ein schlechtes Gewissen oder provozierte unbewußt eine belastende, unangenehme oder traurige Situation. Er fand dafür schließlich tausend Varianten kleiner Unglücke, die er unbewußt inszenierte, die er aber bisher niemals im Zusammenhang mit der mütterlich-«hexischen» Einflüsterung, daß das Leben schwer sei, gebracht hätte. Nach einem Lob stolperte er und verletzte sich oder kippte eine Tasse heißen Kaffee auf seine Hose. Auf liebevolles Interesse an seiner Person oder seiner Arbeit reagierte er mit Fehlleistungen, über die sich die ihm zugewandte Person schließlich ärgern mußte, im Urlaub verlor er seine Brieftasche, bei einer für ihn

wichtigen Einladung verwechselte er den Termin, seine Promo-
tionsarbeit brachte er über viele Jahre nicht zu Ende und machte
sie damit zu einem Dauerthema «schweren Lebens».

Sehr viele Menschen halten sich solche Lebenslasten, die sie beliebig zur Regulierung ihres eingeimpften Weltbildes, daß das Leben schwer sei oder sie nicht richtig (erfolgs-)berechtigt wären, hervorholen und benutzen können. Übergewicht, Rauchen, zuviel Alkohol, Arbeitssucht, unaufgeräumte Zimmer, unerledigte Aufträge, Termindruck sind hervorragende Mittel, um sich jederzeit eine gewünschte Portion Unlust und Unwohlsein heranzuholen. Ein solches Ersatzleid kann leicht kultiviert und darüber kann auch noch Aufmerksamkeit oder Mitleid organisiert werden. Unendliche Diätversuche, sich selbst mehrfach gegebene Versprechen, mit dem Trinken aufzuhören, endlich Ordnung ins Leben zu bringen, den Terminkalender zu lichten – und es jedesmal wieder nicht geschafft oder durchgehalten zu haben, was kann es Besseres geben für einen Menschen, dessen Leben unbewußt «schwer» sein soll. Wer wirklich abnehmen will – um ein Beispiel herauszugreifen –, der wird es in aller Regel über Diäten nicht, über langfristige Ernährungsumstellung und Bewegung vielleicht ein wenig schaffen. Aber im Grunde genommen muß jedes Gramm Fett, das abgenommen werden will, in einem Trauerprozeß verabschiedet werden, weil damit der schon längst vorhandene Mutterverlust symbolisiert wird. Das Übergewicht als Folge einer Mutterstörung und als ein mögliches Symptom der Einflüsterung «Das Leben ist schwer!» ist sozusagen die materialisierte Not des Kindes, die Abwehr seiner ungestillt gebliebenen Bedürftigkeit, ein Speck-Schutzmantel gegen den Schmerz des Mangels von innen und ein Nähe-Abwehrschild gegen die Angst liebevoller Berührung von außen. Man kann sich mit dem Übergewicht unattraktiv, abstoßend, häßlich, nicht liebenswert fühlen und auf diese Weise frühe Ablehnung reinszenieren.

Erlittener Muttermangel soll damit kompensatorisch gemildert werden, und man schafft sich ein Dauerproblem, um nicht frei und lustvoll aufleben zu können, denn das Leben ist so schwer, wie Mutter es so überzeugend vorgelebt hat – und ihr kann man ja wirklich nicht unrecht geben!

«Ich darf mich nicht freuen, ich darf nicht stolz auf mich sein, ich darf nicht erfolgreich sein, ich darf nicht ausgelassen sein – dann passiert bestimmt ein Unglück, dann geht etwas schief!» – sind die magischen Formeln vieler Menschen, deren Leben belastet ist durch die Ausstrahlung ihrer unglücklichen Mütter.

Menschen unter diesem Bann haben tatsächlich ein schweres Leben. Sie wissen nicht, wie ein unbeschwertes Leben sein könnte. Für sie ist es völlig normal, daß das Leben eine Last ist, und sie belasten damit natürlich auch alle ihre Beziehungen. In ihrer Gegenwart erstirbt das Freudige, eine lockere Kommunikation kann nicht entstehen. Es wird alles schwer und bedrückend, ein wirklicher Kontakt kommt nicht zustande. Die Beziehungen werden lahm und langweilig, Gesprächen fehlt es an «Feuer», die Themen versiegen, und schließlich weiß man nicht mehr, worüber man sprechen soll.

Bei der Arbeit und in Gesellschaft können diese Menschen sehr tüchtig sein, bemüht, die Last des Lebens heldenhaft zu tragen, sich viel aufladen und zumuten zu lassen. Aber es ist für ihr Gegenüber auch eine Last, ihre Schwermut, ihren Pessimismus, die negativen Lebenseinschätzungen und bedrohlichen Zukunftsvisionen auszuhalten.

«Ich will Spaß!» Auch die Fun-Gesellschaft hat ihre Wurzeln in mangelhafter früher Befriedigung. «Ungestillte» Kinder suchen ein Leben lang nach ständig neuer und immer mehr Befriedigung, weil sie nie die Erfahrung natürlicher Erfüllung und Entspannung machen konnten.

Alle Grundbedürfnisse des Menschen folgen einem eigenen Rhythmus von Anspannung und Entspannung bei angemessener Befriedigung. Bleiben Bedürfnisse ungestillt, bleibt auch ein Spannungszustand, der dann irgendwie ersatzweise beruhigt werden will, wobei viele Mittel zur Ablenkung oder scheinbaren Erfüllung genutzt werden können, ohne die dem jeweiligen Bedürfnis angemessene spezifische Spannungsabfuhr zu ermöglichen, so daß die Ersatzmittel ständig gesteigert werden müssen, um noch Wirkung zu entfalten. Dies ist die Quelle jeder Sucht. Man kann ein Kind bei angemessener Befriedigung nicht verwöhnen, nur frustrierte Kinder brauchen von irgend etwas immer mehr und werden dadurch lästig und in ihren Ansprüchen unerträglich.

Es geht also um adäquate Sättigung und nicht um ewige Steigerung der Bedürfnisse. Das unbefriedigte Kind hat zunächst die für sein Überleben und seine Gesundheit wichtige Möglichkeit, doch noch ein gewisses Maß an Entspannung zu erreichen und Frust und Streß des Mangels zu lindern, indem es seinen Spannungszustand hinausschreit und sich dabei energetisch erschöpft. Zwar kann man bei Hunger und Kälte nicht allein durch Weinen überleben, aber eine Vielzahl seelischer Verletzungen und sozialer Kränkungen kann durch den Gefühlsausdruck gemildert und verarbeitet werden. Das echte Gefühl bringt am Ende immer eine Entspannung, auch wenn das faktische Unglück damit nicht beseitigt werden konnte.

Dagegen sind die neurotisierten Gefühle, die manipulieren und etwas Tieferliegendes verbergen wollen, für den «Fühlenden» auf Dauer zermürbend und für die soziale Umwelt belästigend. Das hysterisierte Leid ist ebenso abstoßend, wie die aufgesetzte Freude peinlich wirkt. Nur echte Gefühle stecken an und machen den Menschen glaubhaft. Echte Gefühle tragen ein suggestives Potential und verleihen Charisma.

Jeder Mensch muß zwangsläufig Befriedigungsaufschub, Befriedigungsverzicht und sinnvolle Ersatzbefriedigungen erlernen. Es entsteht immer eine konflikthafte Spannung zwischen dem Lust- und dem Realitätsprinzip des menschlichen Lebens. Wissen, Vernunft und Einsicht sind wesentliche Leistungen, in diesem Konfliktfeld zu vermitteln, aber der unvermeidbare Verzicht braucht emotionale Verarbeitungsmöglichkeiten, um Stabilität zu erhalten und seelische Entwicklung zu ermöglichen. Trauer, Schmerz und Wut sind deshalb unvermeidbare Begleiter des Realitätsprinzips. Jedem Anfang wohnt bereits das Ende inne, mit der Geburt ist auch der Tod schon sicher, jede Entscheidung bedeutet auch Verzicht, und jede lustvolle Begegnung endet mit einem Abschied, der Trauer auslöst. Ohne Leid keine Lust, ohne Anspannung keine Entspannung, ohne Haß keine Liebe, ohne Tod kein Leben. Rhythmus und Zyklus bestimmen die Dynamik des gesunden Lebens. Die erlebte und gehaltene Spannung in den Gegensätzen bestimmt die Lebensqualität. Die Lebenswirklichkeit in einer vom Markt und dem Leistungszwang dirigierten Gesellschaft ist aber völlig anders. Hier geht es um Wachstum und Steigerung: immer mehr, schneller, weiter, höher – eine Tendenz zum linearen Aufstieg ohne Ruhe, Erholung und Pause, letztlich ohne Rücksicht auf den Menschen, der zum Objekt des Profits und der Vergnügungen degradiert und pervertiert wird. Dem Menschen werden Ersatzbedürfnisse suggeriert, und ein künstliches Verlangen wird durch Werbung, Verheißung und wohlfeile Präsentation angefacht. Und der Mensch, der sich selbst nie hat finden dürfen, dessen Grundbedürfnisse nie wirklich erfüllt oder sogar durch Verbote und Strafen, durch Scham und Schuldgefühle belastet wurden, der also in einem grundsätzlichen Mangel lebt, wird sich begierig nach allen Angeboten verheißener Befriedigung und käuflichen Glücks strecken, alles erwerben und erleben wollen, was Lustgewinn verspricht. So werden die Angebote immer vielfältiger, und was in der Fülle noch wahrgenommen (und gekauft!) werden soll, muß immer schriller und lauter und auffälliger und aggressiver auf sich aufmerksam machen, bis schließlich nur noch die Suggestion verkauft wird. Mensch und Markt bilden eine süchtige Symbiose, beide profitieren voneinander: Der Mensch wird beschäftigt und abgelenkt, und das Geschäft prosperiert. Der süchtige Mensch hält den Markt in Schwung, und dieser bietet ständig neue «Drogen», die den in sich unbefriedigten Menschen mit seinen unerfüllten und unerfüllbaren Sehnsüchten neue Illusion bietet.

Mit dem Schlachtruf «Ich will Spaß!» dröhnt man sich mit irgend etwas zu, bringt sich im kollektiven Hoffnungstaumel in eine Trance, macht jedes noch so blöde Animationsangebot mit und suggeriert sich schreiend, wie super und geil das doch alles sei. Spaß heißt dann: durch zu viele Reize nichts mehr wahrnehmen wollen, durch krampfhaftes Zucken die Hingabe verhindern, durch Agieren das Fühlen vermeiden, durch leeren Aktionismus das gezielte Handeln ausschließen, durch Erschöpfung die Ruhe zerstören – alles in allem: das narzißtische «Loch» mit Nichts auffüllen zu wollen. Solcher Spaß ist das Gegenteil von Freude. Spaß soll von außen bringen, was von innen her freudig nicht mehr gelingt. Dagegen basieren Freude und Lust auf Wahrnehmen, gezieltem Handeln und Loslassen im Dienste natürlicher Grundbedürfnisse.

Der Als-ob-Mensch Eine mangelhafte Mütterlichkeit zwingt das Kind in die Selbstentfremdung. Wenn die Mutter ihr Kind nicht als eigenes, von ihr verschiedenes Wesen will und akzeptiert, sondern es nur als einen Teil von sich verstehen kann und für ihre Zwecke mißbraucht («Gib mir Macht und Bedeutung!» «Gib mir eine Aufgabe!» «Gib mir Halt!» «Sei für mich da!» «Mach mich glücklich!» «Bleib bei mir!» «Mach mir keine Arbeit, mach mir keine Sorgen!»), muß das Kind in einen verhängnisvollen Konflikt zwischen den eigenen Bestrebungen und den mütterlichen Erwartungen kommen. Das Kind erspürt instinktiv, wie es sein und sich verhalten soll, damit sich die Mutter gut fühlt und freundlich zu ihm ist.

Das Kleinkind kann weder denken noch verstehen, schon gar nicht, daß seine Mutter psychisch belastet oder gar gestört sein könnte. Wenn Mutter unglücklich ist oder wenn ihre Erwartungen nicht zu erfüllen sind, dann kann das Kind nur zu dem Ergebnis kommen, daß es daran schuld sei. «Mit mir kann etwas nicht in Ordnung sein, deshalb ist Mutter so unglücklich und so unzufrieden mit mir.» Es liegt auf der Hand, daß so die Identität des Kindes durch die mütterlichen Probleme verstört wird. Eine solche Mutter wird – unbewußt – nicht wollen, daß ihr Kind ureigene Erfahrungen machen kann und sich eigenständige Positionen erwirbt. Das Kind erfährt so keine Bestätigung und Unterstützung in seinem Bemühen, allmählich seine ganz einmalige Existenz als etwas Besonderes erfahren zu können, was allein ihm ermöglichte, einmal sagen zu können: «Das bin ich! So bin ich! Das macht mich aus!»

Das Kind kann unter diesen Bedingungen psychisch nur überleben, wenn es die eigenen Impulse zurückdrängt und so gut wie möglich zu erspüren sucht, was seine Mutter will, braucht und erwartet. Seine Lebensenergie wird praktisch von der Selbstentfaltung zurückgezogen und auf die von der Mutter erwartete Entwicklung konzentriert. Damit können sehr vielfältige und beeindruckende Begabungen entfaltet werden. Der häufig schon bei Kindern zu entdeckende übergroße Ehrgeiz, mit einer erstaunlichen und wenig kindgerechten Anstrengungs- und Leistungshaltung (ein Musikinstrument gut zu spielen, besondere sportliche Erfolge zu erzielen, ein modisches und folgsames Vorzeigekind zu werden u. a. m.) einen besonderen äußeren Eindruck zu machen, steht dann im Dienste der inneren Selbstentfremdung. Statt der Selbstentfaltung werden Ich-Leistungen zur Befriedigung der Eltern und der weiteren sozialen Umwelt entwickelt. Aus einem originären unverwechselbaren Kind ist ein Als-ob-Mensch geworden. «Als ob ich so wäre, aber in Wirklichkeit bin ich nur das Abbild der Erwartungen meiner Eltern.» Der Als-ob-Mensch weiß schließlich selbst nicht mehr, wer er ist, und lebt für die soziale Umwelt in einer oder vielen Masken.

Zu erkennen sind die «Als-ob-Menschen» an ihrer extrem guten Anpassungsfähigkeit, oft auch an ihren vielfältigen Talenten, am Baukastenprinzip ihrer Gedanken und sprachlichen Äußerungen und vor allem daran, daß sie immer ein Orientierungs- und ein Haßobjekt brauchen.

Die gute Anpassungsfähigkeit macht sie beliebt. Sie sind oft sehr willig und einsatzbereit, sind dann aber in der Ausführung oft nicht zuverlässig. Sie überfordern sich selbst häufig durch ihren Anpassungszwang, sagen öfter «ja», als sie halten können, und übernehmen Aufgaben, denen sie nicht gewachsen sind. Sobald sie eigene Entscheidungen treffen müssen, fehlten ihnen dazu die Substanz und der innere Halt. Sie funktionieren nur bei klaren Anweisungen und Begrenzungen, sind dabei sehr angenehm und hilfreich, besonders dann, wenn auch genug Gelegenheit bleibt, auf einen Dritten schimpfen zu können.

Da sie nicht konflikt- und ambivalenzfähig sind, also nicht die Spannung gegensätzlicher oder auch nur unterschiedlicher Positionen in sich halten können, brauchen sie immer einen Menschen, an dem sie sich orientieren, dessen Gedanken und Meinungen sie nahezu vollständig übernehmen, und im Gegenzug für diese ja im Grunde genommen peinlich-unangenehme (ehemals von der Mutter erzwungene) Anpassung müssen sie gleichzeitig auch immer jemanden haben, der sich für ihren Haß eignet. Sie sind die «geborenen» Mitläufer und deshalb anfällig für jede Feindbildideologie. So werden ein Nachbar, der vielleicht einen Strauch ins eigene Grundstück wachsen läßt, ein Partner, der schnarcht, ein Freund, der einen Geburtstagsgruß vergißt, ein Kollege, der gerne etwas jammert und klagt, zur Quelle von Verachtung und zur Zielscheibe wütender Gedanken, die ungeachtet des kleinlichen Anlasses ein ganzes Leben vergällen können. In der Partnerschaft liefern sich Als-ob-Menschen wahre Schlachten von feindseliger Abwertung und haßerfüllter Verachtung. Die kleinen Schwächen und Eigenarten eines Menschen, die man im Alltag einer Ehe nicht mehr verbergen kann, liefern den geeigneten Stoff für den üblen Abfluß der verletzten Seelen.

Besonders schlimm kann es dabei wieder die Kinder treffen. Immer wieder begegnen mir in der therapeutischen Praxis Familienkonstellationen mit einem Sorgenkind, einem «schwarzen Schaf» in der Familie, einem verhaltensgestörten und schwierigen Kind bei sonst scheinbar ganz «ordentlichen» Verhältnissen. Die Tiefenanalyse – wenn sie bis zum Lilith-Komplex der Mutter vordringt – ergibt dann oft die tragische Erkenntnis, daß die Mutter an ihr Kind die eigene Ablehnungserfahrung unbewußt weitergegeben hat. Dies geht mitunter so weit, daß eine Frau nur Mutter wird, um im eigenen Kind ein Ablehnungsobjekt zu finden, so wie sie selbst es war. Nur weiß die junge Mutter nicht, daß sie etwas auf ihr Kind überträgt, daß dieses «schwierig» werden muß, um ihr eigenes unerklärtes Schicksal durch neue Probleme erklärbar zu machen.

Der Als-ob-Mensch denkt und fühlt in einem «Baukastensystem». Da für eigene originäre Positionen keine Basis vorhanden ist, haben sie lernen müssen, Gedanken und Meinungen anderer zu übernehmen. Bei guter Intelligenz können sie geborgte Versatzstücke je nach Bedarf zusammenbauen. Es fällt mitunter auf, daß immer wieder gleiche Sätze oder konstruierte Zusammenhänge verwendet werden und damit eine blendende, aber phrasenhafte Rhetorik erreicht werden kann, wie man besonders deutlich bei vielen Politikern vorfindet. Besonders Gefühle können sehr intensiv vorgezeigt werden, aber da auch diese imitiert sind, stecken sie nicht an, sondern lassen den Kommunikationspartner meist ratlos und nicht selten etwas angewidert und belästigt zurück.

Als-ob-Menschen erreichen oft hohe Positionen. Das politische Geschäft ist für sie ein geeigneter Tummelplatz. Sie sollen sowieso keine eigene Meinung haben, sondern die

Position der «großen Mutter»-Partei oder -Firma vertreten, also geeignete nichtssagende Versatzstücke verwenden, dafür aber den Gegner ordentlich verbal herabsetzen. Echte Gefühle sind auf keinen Fall gefragt, höchstens Floskeln der «Betroffenheit». Die besondere Leistungsfähigkeit im ursprünglichen Dienste des Überlebens macht sie auch fit und konkurrenzfähig für den politischen Machtkampf. Für den Dschungel von Intrigen haben sie genau den richtigen Instinkt entwickelt, denn ihr Überleben hängt nicht von ihrer Selbstwahrnehmung, sondern davon ab, so schnell wie möglich herauszufinden, was jetzt das Richtige ist.

VII. Deutschland als «mutterlose» Gesellschaft

Nach 1945 und auch nach 1989 hat es in Deutschland vor allem an «guter Mütterlichkeit», im tieferen, hier psychologisch gemeinten Sinne, gemangelt. Die meisten Menschen nahmen sich weder Raum noch Zeit, um ihre teilweise furchtbaren seelischen Beschädigungen, ihre ideologischen Vergiftungen, ihre reale Schuld, Schmach und Schande, ihr kriminelles Verhalten, ihre mörderische Raserei, ihre Vernichtungsorgien, ihre Verblendung, ihre Einengung, ihre Feigheit und Verlogenheit, das widerliche Denunziantentum und das peinliche Mitläuferverhalten wahrzunehmen, zu erleiden und allmählich in einem bitteren Erkenntnisprozeß die Quellen für all dies zu verstehen. Eine «Bewältigung» der Vergangenheit hat also allgemein nicht stattgefunden, höchstens oberflächliche Lippenbekenntnisse als Zeichen der Unterwerfung und Anpassung an die neuen Verhältnisse. In der Regel wurde verdrängt, die Menschen stürzten sich in einen kompensatorischen Aktionismus, der in Westdeutschland das «Wirtschaftswunder» entstehen ließ und in Ostdeutschland der sozialistischen Utopie von einem besseren Leben Energie zuführte.
Die Mutterbeschädigungen der Menschen blieben im Westen wie im Osten unerkannt und infolge dessen auch im wesentlichen unverändert. Die seelischen Folgen hiervon prägten fortan die gesellschaftliche Entwicklung in beiden deutschen Staaten, wobei die feindselige Spaltung in zwei politische Systeme der ideale Nährboden für die Ausgestaltung der typischen Abwehrvorgänge der Frühgestörten auf politisch-ideologischer Projektionsfläche wurde. Für die Irrationalität eines «Kalten Krieges» brauchte es Energien aus den unbewältigten defizitären und traumatischen frühen Erfahrungen der Mehrheit der Deutschen. Die als gefähr-

140

lich phantasierten und dazu provozierten Außenfeinde –
hier die Kommunisten, dort die Imperialisten – waren hervorragend geeignet, die schon längst erlittene frühe feindselige Behandlung zu überdecken und für die unfaßbare innere
Erfahrung einen erklärbaren äußeren Grund zu finden.

In der 68er-Studentenbewegung und im «Prager Frühling»
wurde der abwehrende kollektive Spaltungsmechanismus
für kurze Zeit durchbrochen und das Destruktive in den jeweils eigenen Gesellschaften identifiziert. Der revolutionäre
Protest richtete sich folgerichtig gegen die autoritäre Eltern-
generation, blieb aber in der politisch-ideologischen und intellektuellen Auseinandersetzung stecken. Da die politisch
Mächtigen zwar durchaus kritikwürdige, aber letzten Endes
auch nur symbolische Täter (bei aller realen Schuld) für die
frühen seelischen Verletzungen waren, mußte der Protest
scheitern. Ein Vorgang, der sich 1989/90 noch einmal wie-
derholte, als die Suche nach den Schuldigen sich immer
weiter von der Wahrheit entfernte: SED, Politbüro, Staatssicherheitsdienst, dann die kleinen Denunzianten, die der
Volkszorn am stärksten traf. Aber die autoritären Eltern
(Muttermangel und Muttervergiftung, Vaterflucht und Vaterterror) blieben verschont. Sie aber haben das System getragen und ausgestaltet und ihren Kindern Schaden zugefügt.

Der 68er-Aufstand wurde, bevor er zu den wirklichen Ursachen hätte vordringen können, mit den typischen Ab-
wchrmitteln der jeweiligen Gesellschaften erledigt: im Osten mit repressiv-militanter Panzergewalt, im Westen mit
«liberaler» Geduld, mit Aussitzen und letzten Endes mit den
suggestiven Verheißungen der Konsumgesellschaft. Die Intellektuellen wurden «gekauft», um sich im «langen Weg
durch die Institutionen» langsam, aber sicher bis zur «Tosca-
na-Generation» depotenzieren zu lassen.

Daß sich der gegenwärtige deutsche Außenminister nach
über 30 Jahren noch peinlich entschuldigen muß für seine
«revolutionären» Taten, ist – ähnlich wie die weltöffentliche

Demütigung des ehemals «mächtigsten» Mannes der Welt für sein sexuelles Verhalten – ein beeindruckendes Zeichen von der Kraft der kollektiven Verleugnung früher seelischer Verletzungen, also ein Symptom des Lilith-Komplexes. Die handgreifliche Gewalt Joschka Fischers darf wie die sexualisierte Not Bill Clintons auch als ein Ausdruck früher Kränkung und ungestillter Bedürftigkeit verstanden werden.

Fischers Versäumnis liegt nicht primär in der Frage, ob seine frühere Auseinandersetzung mit der Polizei verwerflich war oder nicht, sondern darin, daß er auch heute noch nicht in den damaligen, politisch für Deutschland geradezu notwendigen Auseinandersetzungen auch seine individuellen Motive wiedererkennt und bekennt, die sich mit Sicherheit auch aus seinen Kindheitserfahrungen speisen.

Mit «Spaltung», «Projektion» und «projektiver Identifikation» benennen wir Psychotherapeuten die seelischen Vorgänge, die frühe seelische Not regulieren sollen. Das Kind spaltet die Welt in gut und böse, wenn es einer schwerwiegenden frühen Mutterstörung ausgesetzt ist. Es kann die böse Mutter nicht verkraften, es könnte die Wahrheit, daß es von seiner eigenen Mutter nicht gewollt, nicht gemeint wird, psychisch nicht überleben – aber mit einem genialen seelischen Trick, sich selbst oder Dritte für schlecht und böse zu befinden, läßt sich Mutters Verhalten verstehen und entschuldigen: Dann ist jemand anderer der Böse, und Mutter bleibt die Gute.

Noch tiefer reicht die Abspaltung von allen Gefühlen, damit mütterliches Verhalten gar nicht mehr gefühlt werden muß, weil es einfach zu schlimm ist. Dies funktioniert durch seelischen Rückzug, der die Sinne stumpf macht, den Atem verflacht, die Muskeln verhärtet, die Lebensenergie aufstaut und in körperliche Symptome verwandelt. Das Kind wird still, dumpf, apathisch, kontaktarm, gefühllos, es zieht sich zurück und wird krank. Die böse Mutter soll nicht mehr wahrgenommen werden, keine Angriffsfläche bekommen, keine Wirkung mehr erzielen. Das Böse muß dann außerhalb gefunden werden, wozu sich reale Bedrohungen besonders gut anbieten.

Im geteilten Deutschland waren die paranoiden Phantome der seelischen Beschädigungen: der Klassenfeind, die Imperialisten und Militaristen, die Kommunisten, der Staatssicherheitsdienst. Jetzt sind es vor allem die Ausländer, die Fremden, die dummen und faulen Ossis oder die arroganten und dominanten Wessis. Wieder eignen sich Verschiedenheiten und reale Schwächen zu Projektionsflächen wuchernder Vorurteile und Bedrohungsphantasien zur Abwehr hervordrängender früher Verletzungen.

Nicht etwa, daß all die genannten Übeltäter nicht auch gelegentlich real existieren und auch durchaus Gefährliches im Schilde führen könnten. Nein, gerade weil man ihnen etwas anhängen und nachsagen kann, sind sie wie ein Schwamm geeignet, das eigene Schlimme aufzusaugen. Es ist die verborgene latente Angst in beschädigten Seelen, die die Bedrohungs- und Erlösungsphantasien so wuchern läßt. Die frühe seelische Not richtet auf hervorgehobene Menschen oder Institutionen Rettungs- und Erlösungshoffnungen oder bauscht sie zum angeblichen Verursacher allen Übels auf. So war auch der Staatssicherheitsdienst in der DDR in den Augen der einen eine heldenhafte, in den Augen der anderen eine verbrecherische Organisation. Eine solche Idealisierung oder Verteufelung trifft aber immer nur einen Teil der Wahrheit, vor allem die seelische Projektionsenergie der Beurteiler bleibt dabei verborgen.

«Innerer Faschismus» ist für mich eine brauchbare Formel für den gespaltenen Menschen, der in der sozialen Fassade des Biedermannes, durch Anpassung, Gehorsam, Ergebenheit und Fleiß seinen «Gefühlsstau» (Maaz 1990) verbirgt und bei krisenhafter Zuspitzung in seinem Leben erneut um sein Überleben kämpfen wird. Dies aber eben höchst irrational und zumeist auf Kosten anderer, weil er die angebliche äußere Bedrohung, vor allem wenn sie einen realen

Hintergrund hat, verwechselt mit der eben nur mühsam verdeckten inneren Bedrohungserfahrung.

Im Kalten Krieg wurde das Böse und Destruktive kollektiv und wechselseitig über die Mauer projiziert, um sich selbst nun als Demokraten oder Antifaschisten gereinigt und geläutert aufbauen zu können, ohne in die beunruhigende Verlegenheit zu kommen, den «inneren Faschismus» bei sich selbst erkennen zu müssen. «Stalinismus» und «Konsumismus» waren die entsprechenden neuen Erscheinungsbilder, um innere Verstörung zu verbergen oder zu beschwichtigen. Die mit Spaltung verbundene projektive Identifikation hat im geteilten Deutschland hervorragend funktioniert: Die Ostdeutschen haben den Westdeutschen ein besseres Leben angedichtet, was diese nur allzugern glaubten. Sie fühlen sich, gemessen an den Maßstäben des Zeitgeistes, an der Warenfülle, den Reisekilometern und vielfältigen Spaß-Erlebnissen darin bestätigt. Und die Westdeutschen können sich ostdeutsches Leben nur als bemitleidenswert, als eng und borniert vorstellen, was die Ostdeutschen im Vereinigungsprozeß durch ihre illusionäre Erwartungshaltung und infantile Erlösungshoffnung auch oberflächlich bestätigt haben. Ostdeutsche wehren sich nicht sonderlich gegen das Erleben, Menschen zweiter Klasse zu sein, weil sie darin ihre frühen Kränkungen verbergen können. Sie haben sich den Westdeutschen mit weißen Fahnen ergeben, um für ihr frühes Abwertungs- und Ablehnungsgefühl neue äußere Verursacher zu bekommen. Viele Deutsche sind regelrecht aufeinander reingefallen und bedienen nun wechselseitig die jeweiligen Abwehrmanöver: Großartigkeit und Minderwertigkeit. Die gegenseitige Festschreibung auf die Einseitigkeiten der jeweiligen Sozialisation bleibt individuell tragisch, da eine persönliche Entwicklung damit verhindert wird. Aber sozial wird sie ein Pulverfaß, das bei krisenhafter Zuspitzung sozialer Ungleichheit und Ungerechtigkeit jederzeit «hochgehen» kann. Es sei denn, wir finden einen gemeinsamen Außenfeind, gegen den sich wieder in den Krieg ziehen läßt.

1. Die DDR als «mutterlose» Gesellschaft*

«Muttervergiftung» und «Muttermangel» waren vor-
herrschende Erfahrungen in der DDR. Die Menschen wurden einer permanenten ideologischen Gehirnwäsche unter-
zogen. Sie sollten zum «richtigen Bewußtsein» finden. Sie
hörten ständig: «Du bist wichtig, wir brauchen dich, alles
zum Wohl des Volkes.» «Der Mensch steht im Mittelpunkt!»
«Für eine allseitige Entwicklung der Persönlichkeit.» «Das
Leben im Sozialismus bedeutet Sicherheit, Glück und Frieden.» Aber die Menschen erlebten real Bedrohung, Einschüchterung, Ängstigung, Belehrung, Ermahnung und
Disziplinierung. Wer nicht für uns ist, ist gegen uns! Bist du
Freund oder Feind, für den Krieg oder Frieden? Das Ich
sollte im Kollektiv aufgehen. Die besitzergreifenden «mütterlichen» Einflüsterungen lauteten: Wolle nicht! Individu-
alisiere nicht! Entferne dich nicht! Verlasse mich nicht! Wi-
dersprich nicht! Sei mir ergeben! Sorge für mich! Beschütze
und verteidige mich! – das Vollbild des tabuisierten Lilith-Komplexes und der aus ihm ableitbaren Störungen des
frühen Mutter-Kind-Verhältnisses.
Die gesellschaftlichen Formen der psychosozialen Mutterlosigkeit, die zur Norm und Normalität im real existierenden Sozialismus gehörten und massenhaft frühe Störungen
verursachten, erkenne ich in folgenden Vorgängen:

1. Kollektivismus
Das Subjekt bekam keine Daseinsberechtigung. Nicht das
Einmalige und Besondere eines Menschen wurde gewollt,
erkannt und befördert, sondern seine Einordnung in einen
Kollektivgeist und seine Unterordnung unter eine «mütterliche» Instanz, unter den Willen der Partei, die immer recht
hatte. Eine Organisationsform, die den Menschen ankette-

---

* Siehe auch H.-J. Maaz: Der Gefühlsstau – ein Psychogramm der DDR,
Berlin 1990.

te, auf die Knie zwang, das Fürchten lehrte, aber auch versorgte, unterstützte, beschützte und beförderte. Die an Bedingungen geknüpfte «Liebe»: Diene und gehorche mir, dann bist du ein liebes Kind, ein vorbildlicher Genosse, ein guter Staatsbürger.

2. Autoritäre Verhältnisse

Die Partei, der Staat gaben die Normen vor: Ordnung, Disziplin, Gehorsam und Leistung. Die Eltern und Schulen setzten diese Normen mehrheitlich um und belasteten noch zusätzlich mit ihren eigenen Erwartungen an das Kind dessen Entwicklung. Die Anerkennung des Kindes wurde an seine Anpassung und Unterwerfung gebunden.

Für «Frieden und Sozialismus» waren die «mütterlichen» Erwartungen an die Staatsbürger der DDR. Solcher Art genötigte Kinder werden sich unendlich bemühen oder sich im passiven Widerstand verweigern. Sie werden gute Zensuren scheffeln und vielleicht sogar Goldmedaillen gewinnen – aber sich selbst dabei verlieren. Oder sie bleiben kontrolliert in der Unterwerfung, dabei passiv, resigniert, höchstens innerlich widerständig und mit Illusionen vom besseren Leben geplagt, die auch als überwertige Idee die Flucht- und Ausreisewelle in den Westen in Gang brachte.

3. Der narzißtische Mißbrauch

Des Menschen Bestimmung war, dem Vaterland, der Partei, der Staatssicherheit zu dienen: Sei dankbar! Wir lassen dich studieren, wir geben dir eine Ausbildung, wir schützen dich. Du bist verpflichtet zurückzugeben! Als guter Schüler, vorbildlicher Pionier, ergebener Genosse, zum Töten des Klassenfeindes bereiter Soldat, als Leistungsträger zur Ehre des sozialistischen Vaterlandes. Nicht dein Leben zählt, sondern wie du dich in den Dienst der großen sozialistischen Idee stellst. Für Ruhm und Ehre. Dank den Genossen der Partei! Der große Vorsitzende, er lebe hoch!

Mißbrauch par excellence. Früh verunsicherte, traumatisierte und im Mangel bleibende Seelen fanden endlich Halt und Orientierung. Sie erfuhren, wofür es sich lohnt zu leben. Sie konnten glauben, endlich wirklich gebraucht und gemeint zu sein. Ihre tiefe Not machte sie blind und gefühllos. Mitläufer zu sein ist angenehm – man gehört endlich dazu, Täter zu sein ist entschuldigt, denn es dient einer «guten Sache» (und man kann aggressive Spannung abführen), denunzieren zu können ist verführerisch, da man hoffen darf, gehört zu werden und wichtig zu sein.

4. Das Geburtstrauma

Die Mutterlosigkeit in den Kreißsälen war erschreckend. Die Frauen wurden durch medizinische Autorität eingeschüchtert und von ihren Männern allein gelassen. Die Gebärenden waren einem Geburtsregime ausgeliefert, in dem wenig Verständnis für die seelischen und die Kontaktbedürfnisse eines Neugeborenen vorhanden war. Daß Kreißende bei der Geburt mit ihrer eigenen Geburtsgeschichte in der seelischen Tiefe konfrontiert sein könnten, wäre in aller Regel als absurd abgetan worden. Aber durch eine Geburt können vielfache Ängste und Verlassenheitsgefühle reaktiviert werden. Durch das häufig ohnmächtige Ausgeliefertsein und die bange Frage nach dem Wohlergehen des Kindes werden eigene Erfahrungen mit dem Angenommen- und Willkommen-Sein unbewußt wiederbelebt. Ein mütterliches Verständnis für diese Situation wäre dringend erforderlich, aber das medizinische Regime war gerade bei Geburten selten einfühlsam und stellte die technische Seite ganz in den Vordergrund. Das Nicht-Einfühlen der Ärzte und Hebammen wurde mit Apparaten, Infusionen, Medikamenten und instrumentellen Eingriffen vollzogen. Man möge mir jetzt bitte nicht den Segen dieser technischen Möglichkeiten entgegenhalten, den kann ich ohne Einschränkungen bejahen und begrüßen. Es geht hier darum, wie oft und selbstverständlich etwas Unnötiges und letztlich Schädliches für das Kind getan wurde. Der Hauptgrund ist wohl darin zu finden, daß die Einfühlung für diese Situation aus eigenen belastenden Erfahrungen verschüttet und versperrt war, dagegen rational-medizinische Überlegungen, die Halt und Sicherheit geben sollten, dominierten und dann auch mit der Überzeugung von ihrer Notwendigkeit angewendet wurden.

Deshalb sollte eine Gebärende nicht allein gelassen werden. Sie braucht den Partner oder wissende Frauen als Anwalt und zum Schutz. Natürlich wäre es gut, sie hätte eventuell eigene Geburtstraumata schon vorher verarbeitet, damit sie nicht während der Geburt ihres Kindes davon emotional überrascht werden kann. Geburten sollten konsequent aus der Perspektive des Kindes geleitet und alles unterlassen werden, was das Kind erschrecken, ängstigen, belasten und traumatisieren könnte. Dies war zu DDR-Zeiten die Ausnahme. Der Autoritarismus war auch in den Geburtskliniken die Regel und Traumatisierungen häufig: medizinische Prozeduren, Apparate, Licht, Hektik, Augentropfen, An-den-Füßen-Hochhalten, Klatschen, Baden und – die Trennung von der Mutter! Daß Mutter und Kind im Wochenbett getrennt wurden und das Klinikpersonal darüber bestimmte, wann eine Mutter ihr Kind sehen und stillen durfte, und daß die meisten Frauen sich das gefallen ließen, gehört wohl zu den schlimmsten Beweisen einer umfassenden Behinderung einer gesunden Mütterlichkeit in der DDR.

5. Das Kinderkrippentrauma

Die Trennung von Mutter und Kind in den ersten drei Lebensjahren haben etwa vier Fünftel der DDR-Bürger erfahren müssen. Mitfühlende Mütter würden eine so frühe Trennung nicht fertigbringen, es sei denn, sie wären in äußerster Not und könnten nicht anders. Aber das war in der DDR bei den meisten Frauen nicht der Fall. Diese individuelle Mutterschwäche gab dem politischen System beste Gelegenheit, kollektive Erziehungsideale durchzusetzen und abhängige Untertanen zu produzieren. Ich möchte nicht

148

behaupten, daß dies ganz bewußt und gezielt geschehen wäre, das hätte ein Verständnis für die Bedeutung der frühen Lebensverhältnisse vorausgesetzt. Aber das war nicht in nennenswertem Umfang vorhanden, jedenfalls nicht in öffentlichen Diskussionen. Es darf wohl davon ausgegangen werden, daß durch das Nicht-Fühlen, durch das Nicht-wahrhaben-Wollen des eigenen Schicksals der Erwachsenen, diese Eltern in den Kinderkrippen nichts Schlimmes entdecken konnten und rationale Begründungen – wie die notwendige und sinnvolle Berufstätigkeit der Frau – als ausreichende Erklärung gelten ließen und sogar stolz auf diese Errungenschaft sozialistischer Lebensweise sein konnten.

Den Kindern wurde angetan, was man selbst an Ablehnung, Lieblosigkeit, Verlust und Trennung erfahren hatte. Das schützte vor dem eigenen tiefen Schmerz, auch wenn man sich – wie sehr oft geschehen – oberflächlichen Trennungsschmerz durch das Abgeben des Kindes an die Krippe zufügte. Aber hätte man das Kind bei sich behalten, wäre die eigene Hilflosigkeit, als gute Mutter fungieren zu wollen, wären Streß und Gereiztheit, emotionale Überforderung und Bedrohung durch die Ansprüche des Kindes unweigerlich spürbar geworden, so daß deshalb die Kinderkrippen für viele Mütter eine echte Erleichterung bedeuteten.

Natürlich muß die Qualität der Kinderbetreuung in den Krippen differenziert gesehen werden, abhängig von der Ausstattung und der Zahl der jeweils zu pflegenden Kinder und mehr noch von den Menschen, die diese wichtige Aufgabe übernommen hatten. Aber auch bei noch so redlichen Bemühungen, das Trennungstrauma, der Verlust der Mutter, die Erfahrung, von ihr verlassen, nicht gewollt, allein gelassen und anderen überlassen zu werden, kann nicht vermieden, höchstens gemildert, aber natürlich auch verschlimmert werden.

Die DDR war in diesem Sinne ein traurig-mutterloses Land. Im Vergleich zu Westdeutschland werden wir sehen, daß individuell der «Muttermangel» im Osten schlimmer, im Westen dagegen die «Muttervergiftung» wohl stärker ausgeprägt war bzw. ist. In der DDR-Gesellschaft wirkte die «Muttervergiftung»: Alles zum Wohle des Volkes! – wonach Menschen auf Anordnung und durch umfassende Kontrolle zu einem friedfertigen, zufriedenen und glücklichen Leben zu führen wären – weniger überzeugend als die «Muttervergiftung» der westlichen Lebensart mit ihren Wohlstandsverheißungen, wonach Menschen durch materiellen Reichtum glücklich werden könnten.

Die Mutterlosigkeit in der DDR hat viele Männer erneut militarisiert und den Frauen über eine Emanzipationslüge übermäßige Belastungen beschert, so daß sie schließlich ihre Mutterschaftsaufgaben vernachlässigt und ihre Kinder zu früh verlassen haben. Dies wäre so nicht möglich gewesen, wenn die mutterverarmten Männer nicht ein inneres Entgegenkommen für die Militanz der DDR-Gesellschaft in Form eines «Gefühlsstaus» entwickelt hätten und die Frauen auf der Flucht vor ihren Mutterdefiziten lieber zur Schicht gegangen sind.

Um allen Mißverständnissen vorzubeugen: Frauen müssen unbedingt und selbstverständlich die gleichen Chancen und Rechte auf dem Arbeitsmarkt und für Karriereentwicklungen haben, allerdings nicht auf Kosten der Mütterlichkeit. Die DDR war ein Land, in dem «Mütterlichkeit» von ganzen Organisationen ausgeübt werden sollte: *die* Partei, *die* Stasi, *die* Armee, *die* Pioniere, *die* FDJ, *die* Kollektive, *die* Hausgemeinschaften, *die* Jugend- und Sportclubs, *die* Betriebe hatten Kontrollfunktion, sie sorgten für Ruhe, Ordnung und Disziplin, bildeten aber auch Gemeinschaften mit Versorgungsschutz- und Förderaufgaben. Soziale Hilfe und Unterstützung bei Krankheit und im Alter, bei Not, bei der Wohnungsvergabe; die Betreuung von Kindern, die Bereitstellung von Urlaubsplätzen, Belobigungen, Auszeichnungen, Prämierungen waren «mütterliche» Funktionen vor allem der Betriebe. Deshalb war Arbeit nicht nur ein Job zum

Geldverdienen, sondern sie hatte eine beziehungsstiftende, Halt gewährende und sinngebende Funktion, was immer dann dankbar angenommen wurde, wenn ein basales Mutterdefizit eine innere Haltlosigkeit hinterlassen hatte.

Zu DDR-Zeiten haben wir Psychotherapeuten so gut wie keine «frühen Störungen» diagnostiziert. Nur in der Psychiatrie waren schwere strukturelle Persönlichkeitsstörungen zu finden und zu therapieren. Die weitverbreiteten «Frühstörungen» auf höherem Strukturniveau lebten in der DDR bestens kompensiert. Die Anpassung und gehorsame Unterordnung, die als klassische Kompensationsmöglichkeit früher Mutterstörungen verstanden werden dürfen, waren auch gesellschaftlich die Erziehungsideale, die im Falle guter Ausprägung höchste Anerkennung erfuhren. Die Enge des Systems und die Fürsorge des Staates gaben selbstwertgestörten Menschen ausreichend sekundären Halt, so daß sie mit vorhandener Selbstunsicherheit nicht in größere Probleme gerieten. Erst im vereinten Deutschland mit der Nötigung, zu individualisieren und zu konkurrieren, sich stark zu machen und behaupten zu müssen, wird die vorhandene Ich-Schwäche manifest und löst eine Fülle von Angstzuständen, depressiven Verstimmungen und psychosomatischen Störungen aus. Dies erklärt auch, warum sogenannte «Wende-Gewinner», denen es seit der Vereinigung also äußerlich deutlich besser geht mit Arbeit, Geld und dem Luxus des westlichen Lebens, keineswegs immer auch zufriedener oder glücklicher sind. Die äußeren materiellen Verbesserungen haben nicht die Seelen gleichermaßen befreit. Ein größerer Wohlstand und demokratische Freiheiten heilen eben noch lange nicht frühe seelische Defizite.

Die Hauptfolge der mutterlosen DDR-Gesellschaft zentriere ich auf die Formel: *Ich bin nichts wert!* Daraus folgen innere Einstellungen und Haltungen wie: «Es hat alles keinen Zweck!» «Ich kann eh nichts machen!» «Das können *die* doch nicht mit uns machen!» *«Die* müssen uns doch versorgen!» Mit dieser negativen Selbsteinschätzung und passiven Erwartungshaltung, die ihre frühe Geschichte haben, bestanden denkbar ungünstige Einstellungen für den deutschen Vereinigungsprozeß.

Wer von seiner Mutter zu früh verlassen wird, der muß glauben, daß er nicht liebenswert sei, daß mit ihm etwas nicht in Ordnung sein kann, denn eine – oder gar *meine* – Mutter täte doch so etwas nicht ohne Grund! Oder es folgt die Geschichte von der existentiellen Notlage, weswegen die Mutter zur Arbeit weggehen mußte. Gerade eine solche soziale Realität aber verschleiert gern den Blick auf eine tiefere Einstellung der Mutter zu ihrem Kind. Es bleibt ein wesentlicher Unterschied, ob eine Frau die notwendige Arbeit zitiert, um ihren Muttermangel zu verbergen, oder ob trotz unvermeidbarer Trennung vom Kind ihre Liebe den Schmerz des Kindes mildert.

2. Die BRD als «mutterlose» Gesellschaft

Die Ausgangslage war 1945 die gleiche wie im Osten. Die westlichen Siegermächte verordneten dann aber den Westdeutschen Demokratie. Es gab «reeducation» – eine oberflächliche Umerziehung, aber die Spaltung der Persönlichkeit und «innerer Faschismus» als ein pathologischer Seelenbefund früher Störung wurden weder erkannt, noch hätte es dafür ein «mütterliches» Feld für Trauer, Schmerz, Scham und Reue gegeben. Es hat kaum jemanden gewundert, daß es möglich war, einen größeren Teil der Eliten des Nationalsozialismus nach Kriegsende am Aufbau der Demokratie zu beteiligen, geschweige denn, daß es anfangs ein ernsthaftes Thema hätte werden können, wie das denn gehen soll, daß innerseelische «Faschisten» äußere Demokratie aufbauen. Dies funktionierte über das «Wirtschaftswunder», über die allen beschädigten Menschen eine neue Hoffnung gebende Verheißung, daß Wohlstand jetzt für alle möglich sei. Damit war die bestmögliche Zauberformel gefunden, Menschen mit schlimmsten Frühstörungen, die eben noch im irrationalen Größenwahn, in übelster Herrenmenschen-Arroganz und mit entfesselter Mordlust ihre tiefreichenden seelischen Verletzungen, von denen sie nichts wissen und die sie nicht fühlen wollten, in unfaßbaren Verbrechen ausgetobt hatten, schnell wieder zu erfolgreichen, tüchtigen und wohlanständigen Bürgern werden zu lassen.

Die kollektive westdeutsche Verleugnung hat zur 68er-Studentenrevolte, später zum Terrorismus der RAF geführt. Immerhin war mit dem Studentenprotest einerseits eine heftige Auseinandersetzung mit autoritären Strukturen möglich geworden, andererseits konnten sich die «mutterlosen» Strukturen nach 1968 nun «feiner», aber noch wirksamer ausgestalten. Die gute mütterliche Fähigkeit des Gewährens wurde nach dem ersten Schrecken über das heftige und kritische Aufbegehren der Studenten – in falscher Mütterlichkeit – zum Laisser-faire der antiautoritären Bewegung, die die notwendige Begrenzung verleugnete und die Kinder nun mit neuer Haltlosigkeit traumatisierte. Die «freie Liebe» wurde zum Synonym für psychische Reife und Unabhängigkeit, die aber nicht in der persönlichen Entwicklung gegründet war und die die unvermeidbare emotionale Beziehung verhöhnte. Im intellektuellen Kauderwelsch der neuen liberalen Streitkultur gingen auch die besten Gedanken und Analysen verloren, und die freien Meinungsäußerungen verhallten im Nichts. Wenn man in der DDR mit einem einzigen kritischen Wort das ganze politische System in Bewegung bringen konnte, um schnell mundtot gemacht zu werden, so wurde in der Bundesrepublik nach 1968 das Wort immer mehr zur Ware, die im Dschungel des Alles-darf-gesagt-Werden ihre Kraft und Wirkung verliert. Die liebevolle Ermutigung des Gewährens wird zur schlaffen Entmündigung durch Wirkungslosigkeit.

Ich halte Autoritarismus für eine wesentliche Folge von Mutterlosigkeit bzw. von Mutterstörungen. Das nicht ge-

liebte Kind braucht stellvertretend für die innere Haltlosigkeit einen äußeren Halt im «Führer» und in verbindlichen,
gerne auch strengen Regeln. Im sozialen System werden
Frühgestörte selbst nach Macht streben, um sich darüber zu
stabilisieren, oder sie werden sich anpassen und «mitlaufen»,
um Orientierung und Halt sichern zu können. Die antiauto-
ritäre Revolte ist im Grunde eine Mutterrevolte, sie richtete
sich aber real gegen männlich-patriarchale Macht. Der «väterliche» Staat, d. h. die Männer der Macht, fühlten sich in
die Pflicht genommen gegenzuhalten, ohne verstehen zu
können, aus welcher seelischen Abwehrdynamik die brutale
Gewalt sich gerade gegen das «väterliche Prinzip» richtete.
Und wieder einmal verraten die «Väter» ihre «Kinder», um
die erfahrene mütterliche Abwertung abzuwehren, daß man
nicht liebenswert sein könnte. So schlägt der Staat brutal
zurück, die mächtigen Männer beweisen endlich ihre «Potenz», daß sie doch wer sind, und die dringende Frage nach
den Ursachen des Terrorismus wird wieder nicht gestellt
oder gar beantwortet. Warum laufen Menschen gegen eine
unbesiegbare Übermacht Amok und töten sich am Ende
selbst, wenn ihnen die «Gnade» des Getötetwerdens nicht
gewährt wird? Man darf nicht politische Begründungen als
alleinige Erklärung gelten lassen, sondern muß vordringen
zu den psychischen Beweggründen: Dann sind die Terroristen die Ungeliebten, die Verfolgten, die Abgelehnten – und
das sind frühe Themen!
Daß Väter stellvertretend zur Zielscheibe werden, ist in vielen Familien anzutreffen. Die schwache oder böse Mutter
droht mit dem Vater, statt die Probleme mit dem Kind allein
zu lösen oder ihre Mutter-Behinderungen einzugestehen.
Der mutterverstörte Vater übt tatsächlich die Strafe am
Kinde aus, statt sich mit seiner Frau und seiner inneren
Mutter auseinanderzusetzen. Oder er verdrückt sich, wo er
nur kann: in die Arbeit, auf die Bühne, in den Machtkampf,
in die Kneipe, in den Puff und immer wieder – in den Krieg!
Der Terrorismus gab der Staatsmacht die Gelegenheit,

«männliche» Stärke zu beweisen, wo im Grunde genommen mütterliches Verstehen, «An-die-Brust-Nehmen» und Integrieren der zur Raserei gewordenen Not dringend geboten gewesen wäre. Von den 68er-Revoluzzern sind viele zu Ansehen, Macht und Geld gekommen, damit aber depotenziert worden. Am Ende waren sie wieder wie die lieben und braven Kinder, die «muttervergiftet» glauben mögen, es sei doch alles nicht so schlimm, man könne doch ganz gut leben, und sich somit mit der «Mutter» wieder versöhnen.

Wenn wir uns also fragen, wie die «freiheitliche Demokratie» in der westdeutschen Gesellschaft die muttergestörten Menschen unter Kontrolle gebracht hat, so lautet die Antwort: durch erneute oder fortgesetzte Mutterlosigkeit und Muttervergiftung. Zeichen guter Mütterlichkeit, die Menschen Raum und Zeit gönnt, wirklich zu sich zu finden, die bemüht ist, sich einzufühlen und zu verstehen, die sicher versorgt und freiläßt, die Beziehungen stiftet und hält, die liebevolle Verbundenheit bei sicherer Eigenständigkeit und Unabhängigkeit gewährt, kann ich in der westdeutschen Gesellschaft nicht in nennenswertem (die Gesellschaft prägendem) Umfang finden.

In einer Gesellschaft, in der der Markt vor allem eine kompensatorische Bedeutung für unerfüllte Bedürfnisse bekommt, ist das Verhältnis der Menschen durch Geld vergiftet. Geld ist zur überwertigen Idee, zum Fetisch geworden. Eine Gesellschaft, in der das Geld herrscht, hat die Liebe verloren. Und – wer am wenigsten Liebe hat, braucht am meisten Geld. Daß Liebe nicht zu kaufen ist, weiß jeder, und «käufliche Liebe» wird zu einem blühenden Geschäft, in dem die Illusion von Liebe verkauft wird.

Die mutterlose Gesellschaft muß zwangsläufig eine Konkurrenzgesellschaft sein, wird eine Suchtkultur und einen narzißtischen Nationalcharakter entwickeln. Die so hoch gefeierte Marktwirtschaft bietet den Frühgestörten Halt gewährende Strukturen. Sie gibt den Rahmen, der die Freiheit

155

begrenzt und eine neue (materielle) Abhängigkeit schafft. Das Leistungsstreben ist der Motor der wachsenden Entfremdung, geboren aus dem überlebenswichtigen Bemühen herauszufinden, wie man Mutters Zuneigung und Anerkennung doch noch bekommen könnte. Das Lob der Mutter oder ihre Beruhigung sind der Lohn für alle Anstrengungen, aber Liebe ist das nicht. So werden Kinder zu Leistungserbringern abgerichtet, die später aus Neid und Ehrgeiz gnadenlos gegeneinander konkurrieren – denn es geht ja ums Überleben –, sie vermehren das Suchtpotential und den Wachstumswahnsinn und bleiben wachsam, bis aufs äußerste bereit, ihre mühevoll erworbenen Besitzstände zu verteidigen.

Die mutterlosen Mechanismen dieser Gesellschaft führen zu Stärkekult, Ellbogenmentalität, Bindungsarmut mit wachsender Risikobereitschaft. Leistung – Honorierung – Vergnügen – ist die Trias der westlichen Bemühungen, Mutterlosigkeit zu kompensieren. Das Motto dazu lautet: Nur der Tüchtige überlebt! Ich muß etwas aus mir machen, da ich nicht wirklich wer bin. So blüht auch das Geschäft der Boulevard-Presse von den lächerlichen Geschichten der Schönen und Reichen.

Allmählich werden die Menschen rücksichtsloser, mitleidsloser und immer bindungsloser. Um noch im Wettbewerb bleiben zu können, müssen sie immer flexibler, mobiler und aggressiver werden. Damit sind die Symptome der Mutterlosigkeit «kultiviert». Die fehlende Nähe und die gestörte frühe Bindung werden sozial zur Normalität, die Angst und Empörung über die mangelnde frühe Annahme wird in sozialen Verteilungskämpfen ausagiert, und der seelische Mangel und die narzißtische frühe Kränkung werden im Konsumrausch, in Besitzgier und im Machtstreben abgewehrt.

Wohlstand, Zerstreuung und Spaß sollen schließlich entschädigen für die abverlangte Anpassung an die rüden Marktgesetze. Die entfesselte Leistungsgesellschaft zwingt

156

Menschen zum Siegen und produziert damit Verlierer. Der Nachbar und der Freund werden zum potentiellen Konkurrenten – wie Geschwister, die miteinander ringen, weil sie nicht genug Mutter bekommen und glauben, der Bruder oder die Schwester seien daran schuld. Die Geschwisterrivalität hilft, nicht erkennen zu müssen, daß Mutter gar nicht liebesfähig ist. In den Auswirkungen westlichen Lebensstils reinszenieren sich frühe Erfahrungen defizitärer Mütterlichkeit: Erfolg macht einsam, Reichtum braucht Schutz, Versicherungen leben von der Unsicherheit der Menschen. Die Marktwirtschaft belebt die Existenzangst. Reichtum verführt zu ungesünderem Leben. Und die Medizin soll die Folgen schädigenden und falschen Lebens durch äußere Zufuhr (Medikamente, Anwendungen, Behandlungen) wieder heilen, ohne daß die Lebensgrundlagen verbessert würden.

Wir müssen dabei allerdings immer bedenken, daß es die Gefahr kollusiver Verstrickung zwischen Patient, Therapeut und Gesellschaft geben kann. Der mutterlose Patient möchte am liebsten versorgt werden, sein Leiden soll ihm jemand abnehmen oder irgendwie wegmachen. Er bleibt dabei gern passiv und abhängig. Wird der Patient zur Selbsterkenntnis und Lebensveränderung geführt, bringt er in aller Regel dagegen Widerstand auf. Ärzte üben ihren Beruf als Broterwerb aus, und sie sind damit ständig in Gefahr, im Sinne falscher Mütterlichkeit ein Mittel «verkaufen» zu wollen, das nicht wirklich indiziert ist, einen Patienten länger zu behandeln, als nötig ist, und Therapie zur Symptombekämpfung anzuwenden, ohne auf reale Veränderungen und Konsequenzen zu achten, die der Patient selbst vollziehen müßte.

Helferfunktionen auszuüben hilft Therapeuten, ihre eigene Muttersehnsucht abzuwehren und sich durch ihre Arbeit sekundär-narzißtisch bestätigen zu lassen. In diesem Fall helfen sie mehr als guttut, lassen sie nicht rechtzeitig frei und erwarten Anerkennung, Lob und Dankbarkeit. Jede Gesellschaft hat besonderes Interesse daran, daß soziale Ruhe, Ordnung und Sicherheit erhalten bleiben. So bestehen Erwartungen an Ärzte und Psychotherapeuten, daß sie helfen mögen, Konflikte zu lösen oder zu dämpfen, Menschen zu beruhigen und zu trösten und Anpassung an gesellschaftliche Regeln zu befördern. Damit ist das Risiko groß, daß die Folgen «mutterloser» Gesellschaftsverhältnisse medizinalisiert werden und Ärzte im Sinne einer «Muttervergiftung» handeln.

Der immer heftiger werdende Streit zwischen Politik, Krankenkassen und den medizinischen und psychosozialen Leistungserbringern läßt den Abwehrcharakter erkennen, damit nicht ernsthaft danach gefragt wird, was in der Gesellschaft wirklich krank macht, welche Lebensformen gesünder wären und was für eine Gesundheitsreform wir wirklich brauchen. Wer Kosten wirklich senken will, der muß den frühen psychosozialen Entwicklungsbedingungen des Menschen höchste Aufmerksamkeit widmen und präventiv handeln.

Es mag manchem als ein übertriebener Psychologismus erscheinen, wenn frühe Beziehungsstörungen mit späteren politischen Macht- oder sozialen Verteilungskämpfen in Zusammenhang gebracht werden. Ich will andere wesentliche Faktoren nicht in Abrede stellen, aber meine Perspektive ist die psychosoziale, die immer eine Rolle in der Motivation menschlichen Verhaltens spielt und dringend zur Erklärung herangezogen werden muß, wenn Sozialverhalten und gesellschaftliche Entwicklungen immer irrationaler werden, d. h. trotz besseren Wissens an falschen Entscheidungen festgehalten wird, und wenn kollektive Fehlentwicklungen nicht mehr mit vernünftigen Argumenten zu beherrschen sind.

Wir hätten viel gewonnen, wenn wir Sozialverhalten von Menschen nach ihrer unbewußten Motivation aus früher Lebensgeschichte analysieren und verstehen lernten: Partnerwahl, Entscheidungen für Berufe, religiöse Glaubensbekenntnisse, politisches Wahlverhalten, moralische Positionen sind immer davon beeinflußt.

Daß sich in gesellschaftlichen Fehlentwicklungen die Pathologie früher Erfahrungen kollektiv austoben kann, halte ich für die wichtigste Erkenntnis aus der deutschen Geschichte. Denn es gibt keine abnorme Obrigkeit (einen psychopathologisch kranken Hitler, perverse Nazis, Betonköpfe des Politbüros, eine Stasi-Krake) ohne eine Mehrheit des Volkes, das in solchen Oberen auch nach mütterlichem Ersatz durch Zugehörigkeit, Versorgung, Schutz und Sicherheit sucht und sich mit diesen Wünschen leicht und gern verblendet, weil es der Abwehr früher Not dient. Sowohl die Hoffnung auf ein besseres Leben als auch die Enttäuschungswut über politisches Versagen und die Angst in einer Diktatur lassen sich nicht nur leicht in den Dienst der Ablenkung von der innersten seelischen Situation stellen, sondern damit werden Mächtige geradezu verführt, falsche Versprechungen zu machen, verlogenen Optimismus zu verbreiten und projektive Schuldzuweisungen und Feindbilder zu bedienen. Wenn wir begreifen könnten, daß wir Deutschen den Nationalsozialismus oder den real existierenden Sozialismus nicht nur ausgestaltet, sondern gebraucht haben, um der massenhaften seelischen Not eine äußere Form zu geben, wären wir in der Aufarbeitung der Vergangenheit einen wesentlichen Schritt weiter.

Wir dürfen heute auch nicht glauben, daß unseren Politikern die Visionen verlorengegangen wären, daß sie ganz persönlich gar keinen Mut zur Wahrheit mehr hätten und daß ihnen zum entscheidenden Handeln die Kraft fehlte – nein, sie würden für notwendiges und richtiges Handeln sofort abgewählt werden von einer Mehrheit der Wähler, die sich nicht verändern wollen und die die Lüge brauchen, weil sie sich selbst schon immer belügen mußten, um zu überleben. Ich halte die Mehrheit der Bürger nicht für mündig, wie so gern getönt wird, sondern für früh bedürftig und deshalb leicht verführbar. Man muß sich nur die grotesken Verheißungen vieler Werbeslogans und die Phrasen der Wahlkampfparolen anhören, die bei vielen Wirkung zeigen, um zu begreifen, welches absurde Theater die Menschen akzeptieren, um sich etwas verheißen zu lassen und vormachen zu wollen. Der Mythos vom besseren Leben, das über Waschmittel, Zigaretten, Fitneßgeräte und immer schönere Autos zu erreichen sein soll, ist zum Treibriemen einer Konsumgesellschaft geworden, in der seelische Defizite durch Waren aufgefüllt werden sollen. Die Folgen der «Mutterlosigkeit» der westlichen Gesellschaft pervertieren zur Normalität und lassen sich in wenigen Formeln zusammenfassen:

- *Time is money* – keine Zeit zum Innehalten, Wahrnehmen, Fühlen, Reflektieren und zur Muße.
- *Alles muß sich rechnen* – so werden auch die menschlichen Beziehungen vermarktet.
- *Geld regiert die Welt* – und nicht die Liebe!
- *Leiste was, dann haste was, dann biste was* – das ist das Laufrad, in dem man sich aus Lieblosigkeit zu Tode hetzt.
- *Streng dich an!* – sonst bist du nicht akzeptiert.
- *Der schöne Schein* – verdeckt die innere Not.
- *Die Fülle* – verbirgt den tatsächlichen Mangel.
- *Die Vielfalt* – lenkt nach außen ab.
- *Stell dich dar!* – Und zeig dich nicht, wie du wirklich bist.
- *Verkaufe dich!* – Denn umsonst gibt es nichts.
- *Hilf dir selbst!* – Denn etwas anderes hast du nie kennengelernt.
- *Fit for fun* – auf der Flucht vor der Sehnsucht.

Der Liebesmangel verleiht dem Geld übermäßige Bedeutung. Der frühe Bestätigungsmangel begründet den Hunger nach narzißtischer Selbstdarstellung. Der Befriedigungsmangel führt zur Spaß-Gesellschaft. Auf der Suche nach dem verlorenen Glück entsteht eine süchtige Leistungs- und Wachstumsgesellschaft. Der Beziehungsmangel führt in die Konkurrenz und am Ende immer in den Krieg.

3. Die «mutterlose» deutsche Vereinigung*

Die deutsche Vereinigung ist von Männern gemacht worden: Gorbatschow, Kohl, Genscher, de Maizière, Krause, Schäuble. Es wäre eine interessante Aufgabe, genauer zu untersuchen, was diese Männer für Mütter hatten. Bei einer solchen Frage genügt nicht die Erinnerung an die Kindheit, denn diese ist zwangsläufig verklärt und geschönt, ein seelisches Abwehrverhalten, gerade um die Bitterkeit der Einsicht in mütterliche Defizite zu vermeiden. Machtmenschen schmerzt oft ein tiefsitzender Stachel ohnmächtiger Sehnsucht nach nie richtig erfolgter Bestätigung, der sie antreibt, beweisen zu wollen, daß sie doch wer sind und etwas können. Der Verzicht auf Privatheit fällt dabei gar nicht so schwer, da die Flucht vor der individuellen Wahrheit und engen ehrlichen Beziehungen zum seelischen Schutzprogramm gehören. Mit dem «Blick nach vorn», dem oft hohlen Optimismus, dem Schönen von Fehlern, den falschen Versprechungen, den nichtssagenden Statements und dem Machtinstinkt, wie denn Wähler bewußt getäuscht werden können («Man darf das Volk nicht beunruhigen!»), finden diese Menschen im politischen Leben genau das Feld, das ihrem seelischen Verteidigungsbedürfnis eine nahezu uneinnehmbare Abwehrmöglichkeit bietet.

Jedenfalls ist die deutsche Vereinigung in gewissem Sinne vormundschaftlich vollzogen worden im Zusammenspiel eines siegreichen westdeutschen Hochgefühls mit einer sehnsuchtsvollen ostdeutschen Erlösungshoffnung, zu der die illusionäre Verkennung der Realität gehört, wie sie durch die Uminterpretation der frühen Lebensverhältnisse eingeübt ist. So wurde an eine «Vereinigung» nie ernsthaft gedacht. Nicht einmal eine gemeinsame Verfassung – wie es nach dem Grundgesetz möglich, ja psychologisch nötig gewesen

---

* Siehe auch H.-J. Maaz: Das gestürzte Volk – die unglückliche Einheit, Berlin 1992.

wäre – ist zustande gekommen. Geschweige denn Bemühungen, eine gemeinsame Gesellschaftsform und Lebensart
zu finden, einen Dritten Weg gewissermaßen, der zumindest psychosoziale Annäherung ermöglicht hätte. Aber
dazu gab es auf beiden Seiten keine wirkliche Bereitschaft,
das hätte notwendigerweise zu einer Reflexion lebensge-
schichtlicher Bedingungen geführt.

In der DDR war massenhaft ein untertäniges Verhalten
durch repressiv-autoritäre Erziehung erzwungen worden,
dessen Leitbilder «Ordnung», «Disziplin» und «Gehorsam»
die Eckpfeiler für ein Untertan-Syndrom oder zumindest
williges Mitläufertum darstellten. Und in der BRD wurde
materieller Erfolg bald zum ersehnten Ziel, um die Kriegs-
schuld damit auszugleichen. Dies konnte nur über enorme
Anstrengung und rigorose Anpassung an die Marktbedin-
gungen mit den Leitbildern «Leistung», «Konkurrenz» und
«Durchsetzungskraft» erreicht werden. Der schnelle ökonomische Aufstieg war geeignet, den verletzten und verstörten
Seelen bald wieder narzißtische Gratifikation zu spenden
und ein neues Obertan-Syndrom zu etablieren.

Diese psychosozialen Gegenpole (Untertan – Obertan) sind
nicht in Frage gestellt worden, haben sich nicht im Vereinigungsprozeß aneinander relativieren können und wurden
nicht als je einseitige Übertreibungen als Folge der mutterlosen Nachkriegsverhältnisse mit der Trennung in zwei politisch entgegengesetzte Systeme identifiziert. Die Spaltung
Deutschlands konnte von den seelischen Spaltungsmecha-
nismen benutzt werden, um mit der Einteilung der Außenwelt in Gut und Böse den innerseelischen Spaltungszustand
zu überdecken. So konnte das Syndrom der gemeinsamen
Mutterstörungen in gegenseitiger Feindschaft oder unkriti-
scher Idealisierung politisch ausgetragen werden.

Der notwendig zu reflektierende «Dritte Weg» ist höhnend
sofort abgewiesen worden, weil es eben keine Alternative
zur «parlamentarischen Demokratie» und «sozialen Marktwirtschaft» gäbe. Diese unbezweifelbare Tatsache aber wird

162

allen Kritikern in einer Form entgegengeschleudert, daß sie kaum den Zustand der «marktwirtschaftlichen Demokratie» weiter zu untersuchen wagen oder eine Diskussion darüber ernsthaft in Gang bringen könnten. Also gab es auch keine Vereinigung, sondern nur einen Beitritt, eine Unterwerfung des Ostens und seine bloße Verwestlichung. Zugleich mußte damit in Kauf genommen werden, daß es eine «innere Einheit» noch lange nicht gibt und die «Mauer in den Köpfen» fortbesteht. Im Zahlenspiel, wie viele Jahre es denn nun dauern würde, bis die innere Einheit vollzogen sei, wird die Zeitdauer dafür immer länger angesetzt. Dabei wird gar nicht bemerkt, daß die Prämisse ungeeignet ist, denn es wird als ganz selbstverständlich unterstellt, daß es bei dem Vereinigungsprozeß einzig und allein um die Anpassung an die westlichen Verhältnisse und das dazugehörige Verhalten gehen würde. Eine solche Angleichung aber könnte es höchstens nur dann geben, wenn für den Osten die gleiche Kompensation der Mutterlosigkeit – nämlich materieller Wohlstand – zur Geltung kommen würde. Aber umfassende Deindustrialisierung, gnadenloser Verdrängungswettbewerb der Ost-Betriebe, Übergang des größeren Teils an Grundbesitz, Immobilien und Produktionsmitteln in westliche Hände und der Eliteaustausch in den Führungsetagen sorgen dafür, daß die Spaltung aufrechterhalten oder sogar noch verstärkt wird. Aus der Sicht der zu verbergenden Mutterlosigkeit ist vermutlich zu erwarten, daß Ostdeutschland verarmt, um als der schwache, kränkelnde, undankbare, faule, bornierte, eben als der häßliche Teil Deutschlands wieder die Spaltungsabwehr in die Dichotomie von Gut und Böse zu bedienen.

Eine gute Mütterlichkeit im Vereinigungsprozeß hätte die innere Entwicklung der Menschen in den Mittelpunkt gestellt: verstehen, was an seelischer Einengung geschehen ist, die seelischen Schäden emotional verarbeiten und neue, reifere Verhaltensweisen im Sinne einer «inneren» (d. h. innerseelischen) Demokratie erwerben. Die mütterlichen Eigenschaften dafür sind: annehmen, gern haben, unterstützen, ermutigen und freilassen. Im Gegensatz dazu sind die «mutterlosen» Gewinnsüchtigen und Machtgierigen über die «mutterlosen» Unterwerfungsbereiten hergefallen.

So entstand die typische Konstellation, in der Kinder für die Bedürfnisse der Mutter mißbraucht werden – ein «Schnäppchen Namens DDR» (Günter Grass). Die mütterlichen Fähigkeiten des Gebärens, Nährens, Gewährenlassens sind gründlich verlorengegangen. Ich will mit diesem eigentümlichen Vergleich etwas spielen:

Vergleicht man die neuen Bundesländer mit dem Schicksal vieler Kinder, so lassen sich Ähnlichkeiten leicht erkennen: Dem «Kind» wurde keinerlei Freiraum gegeben für eine eigenständige Entwicklung. Es diente dem Gewinn und der narzißtischen Befriedigung der «Mutter»: Das reicht von dem großartigen Gefühl, beim Wettlauf der Systeme Sieger der Geschichte geworden zu sein, über das erfolgsorientierte Bemühen, die Einheit «machen» zu können sowie unzähligen «Entwicklungshelfern» die Aufstiegschance ihres Lebens zu geben, über Riesengewinne von Banken, Versicherungen, von Autoindustrie und großen Handelsketten bis hin zu einem Bundeskanzler, der in «die Geschichte eingehen» wollte. Nahezu klassische mütterlich-verlogene Verheißungen des Lilith-Komplexes (Verleugnung der Ablehnung): blühende Landschaften, keinem soll es schlechter ergehen! «Wir» – die mütterliche Bundesrepublik – «machen das alles nur aus Liebe» für Euch. Freut Euch der Freiheit und seid dankbar! Wir geben Euch das Beste, was wir haben: unser Geld!» Das Begrüßungsgeld wirkte dann wie das Pfefferkuchenhaus in Hänsel und Gretel, wovon die hungrigen und bedürftigen Kinder begierig aßen, ohne der Hexe gewahr zu werden. Wie das im Märchen ausgeht, ist bekannt.

Die Ernährung des «Kindes» erfolgte vor allem über Geld, das verspeist und verdaut als nahrhafter «Dung» (Profit) vor allem in «elterliche» Hände zurückfließt. Die Muttervergif-

164

tung lautete anfangs: «Werdet wie wir, dann ist alles gut! Strengt Euch an, seid fleißig, wir mußten uns das alles schließlich auch hart erarbeiten.» Jetzt tönt es eher: «Ihr taugt nichts! Ihr fallt uns zur Last. Ihr seid faul, deformiert, kleinkariert und gewalttätig.»

Es ist das klassische Schicksal der Frühgestörten: ungewollt, nur berechtigt durch Anpassung, Unterwerfung und zu Diensten sein mit wiederholten Erfahrungen von Abwertung, Kränkung und Demütigung. Die freudigen und strahlenden Stunden der «Geburt» – die hoffnungsvolle Euphorie neuen Lebens hat «Mutter» offenbar so erschreckt und geängstigt, daß über den «Ernährungsstrang» Inbesitznahme und Abhängigkeit erzwungen und damit die Vitalität der «Neugeborenen» unter Kontrolle gebracht wurde. Das hoffnungsvolle Aufleben, der begeisterte Tatendrang, der euphorische Unternehmungsgeist und die kreativen Leistungen vieler Ostdeutscher, die 1989/90 die Noch-DDR emotional und geistig tatsächlich aufblühen ließen, waren nahezu schlagartig vorbei – und wurden auch widerspruchslos aufgegeben –, als der Osten mit der «bewährten» westlichen Zivilisation missioniert wurde. Dies hat sich für den Osten nicht nur als verhängnisvoller Rückfall in neurotische Abhängigkeit erwiesen, sondern gemeinsam mit dem westlichen neurotischen Dominanzanspruch bleiben die frühen Sehnsüchte auf beiden Seiten weiterhin verborgen und müssen sich über kurz oder lang in sozialer Enttäuschung und Unzufriedenheit entladen. Der illusionären Hoffnung folgt die haßvolle gegenseitige Verachtung.

Daß der Osten irgendwie anders sein könnte als der Westen – daß das Kind nicht die elterlichen Erwartungen erfülle! –, daß es im Osten etwas geben könnte, das sogar besser als im Westen sei, war den «Eltern» unerträglich und für das «Kind» undenkbar. Ein Recht auf Arbeit und Wohnung, wenigstens so viel soziale Absicherung, daß Obdachlosigkeit nicht passieren kann, und ein Gesundheitssystem, das ohne Profitinteressen den Menschen als Patient betreut und nicht als begehrliches Objekt zum Geldverdienen umschwärmt und nach Punkten «melkt», das sind Grundrechte, die einem demokratischen System gut anstehen würden. Selbst an so wichtigen Fragen gab es kein ernstzunehmendes Interesse auf westlicher Seite: Das ungewollte Kind bleibt abgelehnt und grundsätzlich fehlerhaft, da kann es überhaupt nichts Gutes gegeben haben.

Denn daß es ein «gutes Leben» in «schlechten Verhältnissen» geben könnte, würde westdeutsche Lebensart grundsätzlich in Frage stellen. Eine solche Meinung muß deshalb als «ostalgisch», «ewig gestrig» und als «undankbar» diffamiert werden. Die meisten Ostdeutschen aber hatten sich in die «Familienstrukturen» der DDR eingefügt und zur Abwehr und Sublimierung von Repression und Mangel Beziehungsstrukturen entwickelt (Nachbarschaftshilfe, Improvisationskunst, Tauschhandel, Nischenkultur), die große emotionale Zufriedenheit aus den Freuden gegenseitiger Unterstützung, aus den Beschaffungserfolgen und der erlebten Verbundenheit gegen den gemeinsamen Gegner ermöglichten. Und Essen und Sex als basale Befriedigungsquellen in zwischenmenschlichen Beziehungen waren immer ausreichend möglich. Es sind diese affektiv-nachhaltigen Erfahrungen gelebten Lebens, die ganz subjektiven Erfolge und Bestätigungen, die «gutes Leben» determinieren und die letztlich mit Politik oder Geld wenig zu tun haben. So kann repressive Politik paradoxerweise mehr den menschlichen Zusammenhalt fördern, als umgekehrt «unbegrenzte» Freiheit und materieller Wohlstand die Beziehungen unter Menschen verdummen und verarmen lassen können.

Die «mutterlosen» Ostdeutschen haben sich aus der ihnen unbewußten Not der frühen Defizite eine kompensatorische soziale Nähe und Verbundenheit geschaffen, die im politischen System ihren vermeintlichen Gegner fand. Und die «mutterlosen» Westdeutschen, die ihre unbewußte Not in der beziehungsarmen Individualisierung und in sekundär-narzißtischen Befriedigungen (Konsum, Geltungs-

166

drang und Vergnügungen) zu kompensieren gelernt haben, müssen jede Schmälerung ihres «Besitzstandes» als existentielle Bedrohung erleben, weil ihnen damit die «Droge» verlorenginge. So wird auch verständlich, daß sich Westdeutsche durch die direktere, persönlichere und kumpelhaftere Art der Ostdeutschen geängstigt bis angewidert fühlen, weil ihre soziale Abwehr und Fassade damit unterlaufen wird. Den zu Konkurrenz und damit zur sozialen Distanz genötigten Westdeutschen muß die Notgemeinschaft, die alle sozialen Unterschiede nivelliert, ein Greuel sein. Und den Ostdeutschen hängt das Getue um Äußerlichkeiten, um Geldanlagen, Schnäppchen, Supererfolge und «geile Erlebnisse», längst zum Halse raus, weil sie darin nicht mehr den Menschen finden, mit dem sie sich augenzwinkernd und ellbogenanstoßend verständigen könnten.

Es ist wie in den meisten Familien, in denen die Geschwister meist nahezu entgegengesetzte Eigenschaften entwickeln und kultivieren, in der Hoffnung, gerade durch die Unterschiede bei den Eltern eine Chance der Anerkennung und Aufmerksamkeit zu bekommen, wenn schon keine Liebe von ihnen zu erwarten ist. Eine Solidarität der Geschwister untereinander ist auf dieser Basis ebensowenig wahrscheinlich wie das «Proletarier aller Länder vereinigt euch!», weil dann die Schuld nicht mehr dem anderen zugesprochen werden kann, sondern die gemeinsame Betroffenheit erlitten werden müßte.

4. Von der Freiheit

Die Ostdeutschen bekamen nach der Wende oft zu hören, daß sie doch jetzt endlich frei wären, daß sie aufatmen, froh und – vor allem – dankbar sein könnten. Die erlahmende Begeisterung für die neugewonnene «Freiheit» bleibt vielen Westdeutschen unverständlich. Schlimmer noch: Von Undank ist die Rede und davon, daß die Ossis halt dumpf und zurückgeblieben seien, einen «Kulturschock» erleiden würden und einen «Zivilisationsschub» nötig hätten.

Die großen politischen Errungenschaften «Demokratie» und «Rechtsstaatlichkeit» werden den Ostdeutschen oft ebenso phrasenhaft entgegengeschleudert wie der Freiheitsbegriff. Daß Demokratie nicht nur eine in der Verfassung verankerte Staatsform sein kann, sondern auch eine innerseelische Repräsentanz in den Menschen braucht, um als eine Form des zwischenmenschlichen Zusammenlebens und Umgangs erfahren werden zu können, bleibt verleugnet.

Die Entwicklung zu einer «inneren Demokratie» und zu «innerer Freiheit» fordert eine Auseinandersetzung mit der Ausgrenzung und Unterdrückung seelischer Inhalte und verlangt das Auffinden und Auflösen seelischer Unfreiheiten, wie sie durch mütterliche Verlogenheit und Defizite entstanden sind. Der Lilith-Komplex hat wesentlichen Einfluß, wie frei sich ein Mensch im Denken und Fühlen bewegen kann und wie er auf Andersdenkende reagiert und mit ihnen umgeht.

Natürlich gibt es innere Freiheit bei äußerer Unfreiheit (die Liebe, authentische menschliche Haltungen, solidarische Beziehungen, Zivilcourage, geistige und emotionale Unabhängigkeit in totalitären politischen Systemen), wie auch häufig innere Unfreiheit bei äußerer Freiheit anzutreffen ist (z. B. bei Sucht, Abhängigkeit vom Markt und vom Geld, durch Prestigezwänge und suggestive Werbewirkung und Konkurrenzdruck in einem demokratischen System).

Innere Freiheit verstehe ich vor allem als frei sein zum authentischen Selbst, damit auch fähig zur Liebe und zur ehrlichen Kommunikation. Ein «authentisches Selbst» entwickelt der Mensch nur in Beziehung zu einer «authentischen Mutter». Dies ist die «gute Mutter», die ihr Kind freiläßt, daß es seine eigenen Möglichkeiten, Fähigkeiten und Grenzen erfahren kann; die sich zur Auseinandersetzung um unvermeidbare Begrenzungen des Lustprinzips zur Verfügung stellt und ein notwendiges Nein als ihr Problem oder aus Rücksicht auf Rechte anderer oder auf Werte, die noch nicht zur kindlichen Erfahrung zählen, verständlich machen kann. Diese Fähigkeit ist vor allem an die eigenen realistischen Einschätzungen von unvermeidbaren Grenzen gebunden und wirkt aus der selbstverständlichen Überzeugung der Mutter. Sie bedarf keiner Drohungen, Strafen oder gar körperlicher und seelischer Gewalt. Die unvermeidbaren «Neins» bedeuten natürlich immer auch Wut, Schmerz und Trauer und brauchen deshalb zur seelischen Verarbeitung und integrierenden Akzeptanz den freien Gefühlsausdruck. Ein protestfreier und schmerzloser Verzicht auf Lust würde bereits eine schwere seelische Beeinträchtigung signalisieren.

Innere Freiheit heißt also frei sein von seelischer Einschüchterung und Einengung, frei von schwerwiegenden seelischen Verletzungen und Befriedigungsdefiziten. Zu restriktive elterliche Vorschriften engen die Freiheit durch Zwänge, Schuldgefühle und Ängste ein. Ein Kind, das Schlimmes erlebt, muß, um psychisch überleben zu können, diese Erfahrungen aus seinem Bewußtsein vertreiben. Dieser notwendige Schutz aber führt zwangsläufig zu einer allgemeinen Einschränkung der Wahrnehmung und damit zur verzerrten oder gefilterten Abbildung der Realität. So wird die innere Freiheit durch Abstumpfung der Sinne und Einschränkung der Erkenntnismöglichkeiten begrenzt.

Die in unserem Kulturkreis so häufige Selbst-Pathologie, die Entfremdung des Selbst, die Nötigung des Kindes, Werte und Normen der Gesellschaft übernehmen und Erwartungen der Eltern erfüllen zu müssen, das Erleben des Kindes, zum Objekt von Erziehung degradiert und als Subjekt von Beziehung nicht akzeptiert zu sein, läßt die innere Freiheit auf einen sehr engen Horizont schrumpfen. Kein Wunder, daß äußere Freiheit dann hypertrophiert und Freiheit durch das Machbare und Erfolgreiche pervertiert wird. Denn seelisch eingeschüchterte und gehemmte Menschen müssen große Macher werden, um ihre tatsächliche Unfreiheit durch große Taten vermeintlich vergessen und tilgen zu können. Gekränkte und gedemütigte, seelisch verletzte Menschen brauchen den Erfolg, um sich Bedeutung zu geben und den vorhandenen Schmerz ihrer ungestillten Bedürfnisse im Rausch des Siegens und Gewinnens, im Streß von Leistung, Arbeit und Karriere zu betäuben. Die Unfreiheit, die ein repressives politisches System wie der real existierende Sozialismus erzwingt, ist schlimm genug. Aber die Abhängigkeit vom Arbeitsmarkt, die Nötigung zur Konkurrenz und zur unbegrenzten Leistung kann kaum eine geringere Bedrohung der Freiheit sein. Arbeitslosigkeit ist in diesem Sinne kein generell individuelles Versagen, keine Faulheit und Bequemlichkeit, sondern vielmehr eine Form struktureller Gewalt, die Menschen unfrei macht und abhängig hält.

Nur eine «mutterlose Gesellschaft» kann die Demütigung der Arbeitslosigkeit, das Elend der Armut und die ungerechte Verteilung der Güter akzeptieren. Weil die meisten Menschen zuwenig gute Mütterlichkeit erfahren haben, tolerieren sie die Spaltung in Reich und Arm, beschuldigen sich die einen selbst als Versager, während die anderen ihren tiefen seelischen Mangel mit materiellen Gütern oder mit der Macht über andere Menschen kompensieren. Auf beiden Seiten aber bleiben der Schmerz über innerseelischen Mangel und der Haß wegen der auferlegten Entfremdung unerkannt. Nur in der rachsüchtigen Zerstörung von «Mutter» Natur oder «Mutter» Erde und in den kriegerischen Auseinandersetzungen der «Geschwister» wird etwas von dieser Beschädigung der Seelen erkennbar.

VIII. Plädoyer für Mütterlichkeit

Vor dem Hintergrund einer grundlegenden psychosozialen Problematik, die mit dem Lilith-Komplex erklärt
werden kann, ist es meine Absicht, auf die Notwendigkeit
einer verbesserten Mütterlichkeit aufmerksam zu machen.
Damit sind nicht die Mütter als Ursache allen Übels ge-
brandmarkt, sondern es geht um den Mangel an mütterlichen Werten in der Gesellschaft, wodurch die soziale Ge-
rechtigkeit und die demokratische Entwicklung und Stabilität gefährdet sind. Eine gute Mütterlichkeit haben wir
längst verloren oder nie wirklich gewonnen.
Aber der Mangel an Mütterlichkeit in der Gesellschaft hat
natürlich auch etwas mit den individuellen Mutterstörungen des einzelnen zu tun. Die Wahrheit über eine eigene frühe Verletzungsgeschichte löst unweigerlich lebensbedrohliche Ängste aus und wird deshalb in aller Regel mit allen
Mitteln verleugnet. Viele Menschen mit Mutterstörungen
werden mit großer unbewußter Energie dafür sorgen, daß
gute Mütterlichkeit in der Gesellschaft nicht entstehen
kann, damit sie ihr individuelles belastetes Mutterschicksal
nicht erinnern, nicht neu erleben müssen. Eine «mutterlose»
Gesellschaft läßt den eigenen Muttermangel verschwinden,
und das Leiden an sozialer Ungerechtigkeit und gesellschaftlicher Pathologie schützt lange vor dem noch schlim-
meren Leiden an individueller Not.
Mehr und bessere Mütterlichkeit braucht natürlich einen
politischen Willen, um die entsprechenden Werte öffentlich
zu befördern und Mutterschaft auch angemessen gesetzlich
zu unterstützen. Aber ohne Kenntnis der individuellen
Mutterstörungen und ohne Übernahme persönlicher Verantwortung zur Überwindung oder Eingrenzung ihrer sozialen Folgen kann sich auch kein politischer Wille zur gesellschaftlichen Veränderung entfalten. Ich spreche deshalb

vor allem den einzelnen an, der seine frühe Geschichte entdecken, die vorhandenen Mutterstörungen emotional verarbeiten und Verantwortung für notwendige Veränderungen in seinem Leben übernehmen kann.

Ich will Frauen Mut machen, zu ihrer Mütterlichkeit zu stehen, gerade auch wegen der unvermeidbaren Grenzen an Mütterlichkeit, die im Lilith-Komplex ihren Ausdruck finden. Und ich will das Verständnis für Mütterliches und seine Masken in der Gesellschaft befördern, so daß wir mehr gute Mütterlichkeit gewinnen und ihren Störungen angemessen begegnen können.

Der Verrohung in unserer Gesellschaft kann nicht mit mehr und härterer Erziehung begegnet werden, sondern nur mit besserer Beziehung. Die wachsende sozial-phobische Vereinzelung der Menschen kann nicht durch immer mehr Vergnügungsangebote gemildert werden, sondern sie braucht eine Atmosphäre, in der Ablehnungsangst und unerfüllte Sehnsucht offenbart werden können. Gewalt und Haß lassen sich letzlich nicht durch staatliche Gegengewalt oder gar militärische Maßnahmen erfolgreich bekämpfen, sondern können nur durch «mütterliche» Verhaltensweisen präventiv verhindert werden.

Wenn ich mich nach meiner Motivation für dieses Buch befrage, dann liegt die Wurzel sicher in meiner persönlichen unbefriedigenden bis unglücklichen Muttererfahrung, was für mich – wie ich erst viel später herausfand – zur starken Motivation für den Beruf des Psychotherapeuten wurde: endlich verstehen lernen und verstanden werden, annehmen dürfen und angenommen sein, endlich wirklich in Beziehung kommen und den Kontakt zu sich selbst nicht mehr scheuen zu müssen. Auf diesem Weg begleiten mich nun Tausende von seelisch schwer verletzten, verstörten und eingeschüchterten «Kindern», deren Schreie und Tränen, deren existentielle Angst und die berechtigte, aber nie gelebte Empörung gegen ihr Mutterleid in mir ein tiefes Bedürfnis erweckt haben, ein Anwalt dieser Kindernot zu sein. Ich bin also viel mehr für Kinder, für deren Lebendigkeit und für ihr Leben engagiert, als daß ich Mütter belasten möchte. Ich bin ebenso tief betroffen von der Not der Frauen, die selbst Opfer schlechter Mütterlichkeit wurden und diese seelischen Verletzungen, ohne es zu wollen und ohne zu wissen, bereits an ihre Kinder weitergegeben haben, da sie nach dem schlechten Mutterbild, das sie in sich tragen, handeln, ob nun in Identifikation mit der eigenen Mutter oder im betonten Bemühen, unbedingt anders als Mutter sein zu wollen.

Seit Jahren fühle ich mich eng mit einer Gruppe von Kolleginnen* verbunden, die bereit waren und sind, sich ihrer frühen seelischen Not zu stellen. Sie haben mich bei der Entstehung und Entfaltung dieses Buches kritisch beraten und liebevoll begleitet. Ohne sie wäre dieses Buch nicht möglich geworden. Wir haben uns unsere Lebensgeschichten gegenseitig anvertraut und die eigenen Mütterlichkeitsstörungen herausgefunden. Die Frauen litten besonders daran, für ihr persönliches Leben, in ihrer Ausbildung und in der Gesellschaft keine Vorbilder guter Mütterlichkeit gefunden zu haben. So entschlossen sie sich, für sich herauszufinden, was weibliche Identität und gute mütterliche Elemente in ihrem Leben und in den Therapien sein könnten. Dabei wurden drei Begriffe für Mütterlichkeit von besonderer Bedeutung: gebären, nähren, gewähren.

1. Gebären

Die weibliche Existenz zwischen Menarche und Menopause mit einer begrenzten Zahl befruchtungsfähiger Ei-

---

* Sektion «Das Weibliche in der analytischen Psychologie und Tiefenpsychologie» der DGAPT.

zellen, von denen nur ganz wenige eine Chance bekommen, ist auf eine ganz wesentliche Frage orientiert: Wer bin ich als Frau, kann ich empfangen, werde ich befruchtet? – und damit ist ein Ur-Thema der Mutterthematik noch vor dem Zeugungsakt bei einer potentiellen Mutter präsent: Bin ich gewollt? Eine mögliche Mutterschaft reaktiviert also unbewußt die Frage nach dem eigenen Entstehungsschicksal. Hinter dieser existentiellen Frage verstecken sich viele Probleme der Empfängnisfähigkeit bzw. der Empfängnisstörungen. Die Bereitschaft, ein Kind zu wollen, ist eng verbunden mit der Erfahrung, wie frau selbst empfangen wurde. Eine Frau, die ein ungewolltes Kind war, wird im Falle einer Schwangerschaft unvermeidbar mit ihrem Schicksal ganz tief – und meist unbewußt – konfrontiert sein und sich im Spannungsfeld zwischen Ablehnung des eigenen Kindes, der Frage der Abtreibung oder der Gefahr einer Fehlgeburt und andererseits der betonten und dann auch meist angestrengten Mütterlichkeit wiederfinden, um das eigene Schicksal verschleiern oder ausgleichen zu wollen. Daß eben auch gerade die «bemühte Mütterlichkeit» für das Kind zum Problem und Schaden werden kann, das mag für viele eine besondere Tragik sein. Aber – und das zähle ich zu den wichtigsten Aussagen dieses Buches: frau kann Mutter-Sein nicht machen, sondern nur Mutter werden durch Verstehen und emotionales Verarbeiten der eigenen Mutterstörungen. Der beste Lehrmeister dabei könnte das Kind sein. Das Kind lehrt eine Frau, Mutter zu werden – wenn man es dazu freiläßt und verstehen lernt.

Gebären heißt vor allem: loslassen!
Ich kenne eine Fülle geburtstraumatischer Ereignisse, die mit den Schwierigkeiten und Konflikten der gebärenden Frauen in Zusammenhang zu bringen sind, ob sie ihr Kind loslassen, hergeben und freilassen können. Es gibt offenbar viele Frauen, die durchaus schwanger sein, aber nicht Mutter werden wollen, die empfangen, aber nicht gebären wol-

174

len. Empfangen heißt auch bekommen, angefüllt werden, nehmen – mit dem Gebären beginnt eine intensive Zeit des Gebens und Versorgens. Frauen im Muttermangel geraten so schnell in eine Krise – was sollen sie woher nehmen, um gut abgeben zu können, wenn sie selbst im Defizit leben? Eine Depression im Wochenbett läßt sich in diesem Zusammenhang gut verstehen. Auch die Vielzahl der Stillschwierigkeiten und -störungen sollten im Kontext der Fähigkeit zu geben analysiert werden.

Ich bin überzeugt davon, daß gute Mütterlichkeit eine permanente Herausforderung zum Loslassen und Hergeben bedeutet und die Mutter damit ständig mit ihrer eigenen ungestillten Bedürftigkeit konfrontiert sein wird.

Margret überraschte mich mit der Mitteilung, daß sie sich öfters einige Zeit bei ihrem schlafenden Kind aufhalte, um den Augenblick festzuhalten, in dem sie wieder etwas Neues, eine kleine Veränderung, einen minimalen Entwicklungsschritt bei ihrem Kleinkind beobachten könne und mit dieser Entdeckung zugleich der Flüchtigkeit des Werdens inne wurde. Sie weinte herzzerreißend darüber, daß ihr wohl viele solcher Entdeckungen entgehen würden, daß das Kind viel schneller heranwachse, als daß sie die Entfaltung seines Lebens festhalten und genießen könne. Und dann brach aus ihr der ganz tiefe Schmerz ihrer von der eigenen Mutter ungespiegelten Entwicklung heraus, die durch Festhalten, Behindern und Einschüchtern geprägt worden war.
Ihre Mutter war eine sehr ängstliche und unsichere Frau. Alles, was Margret als lebendiges Kleinkind tat, wurde von ihr mit einschränkenden Kommentaren bedacht: Nicht so doll! Sei vorsichtig! Gib acht! Das ist gefährlich! Du bist wieder so wild!
Solche Sätze sprach ihre Mutter, ohne sie direkt anzublicken, mit Anzeichen höchster Beunruhigung und Verzweiflung. Margret mußte denken, daß sie mit ihrer gesunden Ausgelassenheit und Lebensfreude völlig verkehrt sei und ihre «Abnormität» die arme Mutter in Verzweiflung stürzen würde. «Du bringst mich noch mal ins Grab!» oder «Kein Wunder, wenn ich Herzschmerzen be-

komme!» waren mehrfach geäußerte Sätze, die Margret wörtlich nehmen mußte, denn wie hätte sie erkennen können, daß ihre Mutter nur eine schwere seelische Störung zum Ausdruck brachte. Die unerklärliche und für Margret unerkannte Angst ihrer Mutter vor Dunkelheit, vor Gewitter und Sturm, vor fremden Menschen und unbekannten Situationen bekam sie praktisch «eingeimpft». So wurde sie selbst ein sehr unsicherer Mensch, hielt dies für ihr Schicksal, für das sie sich schämte und sich später viel soziale Abwertung gefallen lassen mußte (sie wurde in der Schule als «Angsthase, Pfeffernase!» gehänselt, in der Ausbildung zur Krankenschwester war sie oft «die Blöde» und von potentiellen Partnern bald als «Zicke» abgelehnt). In Beziehungen machte sie sich schnell unbeliebt, da sie kaum Blickkontakt herstellen wollte, nicht zuhören konnte und ihre Verunsicherung durch Vorwürfe und Anklagen zu kaschieren versuchte.

Ihre Lebensfreude war in ein seelisches Gefängnis gesperrt. Sie konnte sich nicht spontan im Vertrauen dem Lebensfluß überlassen, stets mußte sie alles planen und durch eine zwanghafte Ordnung lustvolles Geschehenlassen strangulieren. An ihrem Kind lernte sie wieder, das Leben strömen zu lassen, und dabei brauchte sie Begleitung, um ihre eigene Behinderung finden zu können, um diese nicht an ihren kleinen Sohn weiterzugeben.

Gebären steht also auch als eine Metapher für das Strömenlassen lebendiger Prozesse. Im Vertrauen auf das Natürliche und Menschliche, in der Neugier auf das Individuelle und Besondere braucht das Kind liebende Begleitung. Lebendigkeit als Prozeß bringt immer wieder neue Möglichkeiten hervor, individuell-schöpferische Antworten auf die Herausforderungen des Lebens zu geben. Wenn der Mensch freigelassen bleibt und sich dennoch durch Mutters liebevolle Einfühlung bezogen und gehalten weiß, kann er Neues probieren, Unbekanntes riskieren und sich durch Vielfältiges anregen lassen. Identität und Lebenssinn erfährt der Mensch immer wieder aufs neue und in dynamischer Kontinuität durch seine Gebärfähigkeit, daß er sich in die Welt selbst freilassen kann mit seinen Gedanken, Ideen und gestaltenden Kräften. Gebären ist die Grundlage für lebendige Welterfahrung und die Basis für dynamische Weltgestaltung.

2. Ernähren

Die Mutter genießt das Vorrecht der primären Ernährung ihres Kindes. Die Nabelschnur symbolisiert die innerste Verbundenheit mit der Mutter und die totale Abhängigkeit von ihr: Mutter und Kind als eine Einheit. Was die Mutter sich antut, das tut sie auch ihrem Kinde an. Wenn sie ihre eigene Muttervergiftung und unerfüllte Sehnsucht im Rauchen ausagiert, gibt sie schon als Schwangere im wörtlichen Sinne das «Gift» von der Mutter an ihr Kind weiter. Und wenn sie ihren Kummer mit Alkohol betäuben will, dann reißt sie von allem Anfang an ihr Kind mit in ihr seelisches Elend. Die Mutter bestimmt nicht nur durch ihre Ernährung das Gedeihen ihres Embryos, sondern übermittelt in ihrer zur Verfügung gestellten Nahrung bereits Haltungen und Einstellungen, wie sie zu sich und damit zu ihrem Kind und dessen Versorgung steht. Mit dem freiwilligen Stillen – das noch viel stärker die Beziehungsdynamik zwischen Mutter und Kind als die Zwangsernährung über die Nabelschnur zum Ausdruck bringt – bekommt die Mutterfunktion *Ernähren* ihre noch umfassendere Bedeutung. Es geht dabei nicht nur um den besten aller Nährstoffe: die Muttermilch, sondern auch schon um die emotionale Ernährung durch Liebe, Zuwendung, Berührung und Kontakt, die durch das Stillen vermittelt werden. Auch Geborgen- und Gehaltensein, Schutz und Sicherheit erfahren, die Gewißheit zu bekommen – wenn Bedarf ist –, das alles wird über Ernähren transportiert. Mit der Milch fließt Liebe, die Brust ist das Symbol für die Lebensquelle, und Mutters Körper vermittelt Verbundenheit und damit Heimat. Die

Grundgewißheit: Ich bin versorgt, ich bin angeschlossen an den Strom des Lebens, und mir wird gegeben, wenn ich bedürftig bin – wird über das Stillen vermittelt. Und das Gegenteil dazu lautet: Ich bekomme nicht, was ich brauche, ich erfahre Mangel und muß sehen, wie ich mich sonstwie sättigen kann. Ich wage gar nicht mehr zu hoffen und brauche auch nicht zu bitten, denn ich gehe eh leer aus. Die verweigerte Brust vermittelt ein verzweifeltes Leben zwischen Resignation und Gier, und die schenkende Brust ist der basale Lustspender für Gewißheit und Befriedigung.

Mit dem Stillen wird eine Grundfähigkeit von Mütterlichkeit abverlangt, die mit Geben assoziiert ist: Bedürftig gebliebene Mütter können große Schwierigkeiten und Ängste entwickeln, wenn sie abgeben sollen, weil sie zutiefst noch selbst haben wollen. Das ist ein häufiger Hintergrund, wenn der Milchfluß nicht richtig in Gang kommen will oder die Brust sich entzündet und deshalb nicht mehr dargereicht werden kann. Mit der «flammenden» Brust mag die Mutter ihren brennenden Schmerz über ihr eigenes Defizit symbolisieren und zugleich das begehrende, sie aussaugende Baby von sich fernhalten.

Aber nicht allein die Stillschwierigkeiten der Mutter machen auf mögliche Störungen mütterlicher Fähigkeiten aufmerksam, auch das «trinkfaule» oder «beißende» Kind vermittelt Signale gestörter Mütterlichkeit. Mit dem Stillen wird eben nicht nur Milch abgegeben, sondern die Mutter übermittelt unweigerlich dabei auch ihre Einstellung zum Kind. Wie sie das Kind hält und behandelt, wieviel Geduld sie hat, wie sie sich dem Kind zuwendet – oder z. B. Zeitung liest, den Fernseher laufen hat und Gespräche führt –, das hat natürlich Bedeutung für die Erfahrung des Kindes, gemeint, gewollt und geliebt zu sein oder eben nur «nach Vorschrift» versorgt zu werden oder gar lästig und störend zu sein – und manchmal sogar Mutters mühsam erhaltene Stabilität gefährdend.

Kein Wunder auch, daß in unserer narzißtischen Gesellschaft so oft Frauen mehr daran denken, daß sie sich eine ästhetisch schöne Brust erhalten wollen, statt sich die Befriedigung zu gönnen, dem Organ, aus dem tatsächlich «Milch und Honig» fließen, seine natürlichste Bestimmung zu lassen. Das wird durch die äußere Vermarktung des weiblichen Körpers wesentlich befördert. Die «schöne Brust» soll der Frau Wert geben. Dies darf auch als ein Symptom des Lilith-Komplexes verstanden werden. Die nicht gelebte sexuelle Begierde wird aufreizend, doch distanziert ins Bild gesetzt. Die leibhaftige Lust reduziert sich auf voyeuristische und exhibitionistische Akte. Der junge, noch kinderlose Körper wird zum Fetisch einer ganzen Kultur. Die Attribute der Lilith als sexuelle Verführerin und ihre Kinderfeindlichkeit werden so vermarktet und die Mütterlichkeit abgewertet.
Und Frauen sind gar nicht selten Opfer dieser Ideologie. Sie fürchten, mit der Formveränderung ihrer Brust durch das Stillen auch an weiblicher Attraktivität zu verlieren. Da es ihnen an sicherer innerer weiblicher Identität infolge der erfahrenen Störungen durch die eigene Mutter mangelt, bleiben sie abhängig von Kosmetik, Mode, Silikonbrüsten und Schönheitschirurgen. Daß sich «Schönheit» herbeioperieren ließe, ist ein markantes Symptom der gesellschaftlichen Perversion im Dienste des Lilith-Komplexes. Eine Frau, die ihre Lilith-Anteile integriert hätte, ihren Wert, ihre Lust und ihre Unabhängigkeit leben könnte, die wäre auf natürliche Weise schön.
Mit Erschrecken muß auch festgestellt werden, daß eher weniger Verständnis und Unterstützung für stillende Mütter in unserer Gesellschaft vorhanden ist und sehr häufig solche Bemerkungen fallen wie: Was, du stillst noch?! Jetzt ist aber langsam genug damit! Du verwöhnst ja das Kind! Stillpläne und Stillzeiten spiegeln den vorherrschenden rationalen Zeitgeist von Planung, Ordnung und Effektivität wider, mit dem bereits der Säugling – sein Grundrecht mißachtend – vergiftet und terrorisiert wird.

Aus der Sicht des Kindes kann es nur eine Erwartung an die Mutter geben: freien Zugang zur Brust! Das Kind reguliert seinen Nahrungsbedarf selbst am besten und wird sich über die Brust auch seiner Mutter vergewissern wollen, als Spenderin von Sicherheit, Geborgenheit, Schutz und Liebe jederzeit zur Verfügung zu stehen.

Der Stillplan setzt die Interessen und Bedürfnisse der Mutter gegen das Kind durch, er rationiert die Liebe und gibt nur geplante, terminierte Zuwendung. Der spontane Lebensfluß wird an Mutters Störungen oder soziale Zwänge gekettet. Die Mutterschwäche versucht, sich im Zeittakt der Stilltermine zu verbergen. Das Kind lernt, Lebendigkeit der Macht zu opfern.

Die energiespendende mütterliche Fähigkeit, die im Ernähren liegt, kann bei Muttermangel dem Kind traumatische Verluste beibringen, aber auch mit einer bedrängenden Brust Muttervergiftung transportieren. Mutter gibt sich dann mit ihrer Milch übermäßige Wichtigkeit und Bedeutung, sie erdrückt ihr Kind mit ihrer Mächtigkeit, sie drängt sich auf und mißbraucht den Hunger des Kindes, um eigene Bedürfnisse erfüllen zu wollen. Das Kind stillt seine Mutter! Es wird damit grundlegend zum Dienst an der Mutter genötigt, statt daß die Mutter dem Leben ihres Kindes dienen würde, was vorübergehend ihre wichtigste Bestimmung ist.

3. Gewähren

Mütterliches Gewähren meint die große Fähigkeit, zulassen, geschehen lassen, erlauben, verstehen und vergeben zu können. Raum geben für Entwicklung und Entfaltung, Freiraum für spielerisches Experimentieren und bewachtes Riskieren. «Weil ich dich liebe, lasse ich dich gewähren» – was für ein Satz! Das Kind bestimmt seine Aktivität, sein Interesse, seine Neugier, seine Art, die Welt zu entdecken, in Besitz zu nehmen und gestaltend zu verändern.

Eine gute Mutter begleitet diesen Prozeß durch Gewähren, fördert durch Angebote, ohne aufdringlich zu werden. Sie läßt Erfahrungen machen, ohne Schutz und Sicherheit zu vernachlässigen. Sie respektiert den Willen des Kindes, ohne sich selbst aufzugeben oder gar terrorisieren zu lassen. Sie hat ein tiefes Zutrauen zu ihrem Kind, daß alles, was es will und tut und braucht, ganz wichtig ist und daß es in allem eigene Erfahrungen machen will und muß, ohne belehrt, ausgelacht, beschimpft und eingeschüchtert zu werden. Die Mutter nimmt wahr, erkennt und bestätigt, was ist. Sie unterstützt und befördert, was sich entwickeln will, ohne Tempo, Zielorientierung und inhaltliche Bedeutung nach ihren Vorstellungen beeinflussen zu wollen. Gewähren ist ein aktives Verhalten, kein gleichgültiges Einfach-nur-machen-Lassen. Die Mutter bleibt in Kontakt mit sich und ihrem Kind, sie empfindet den erforderlichen Freiraum und spürt auch, wenn das Kind Hilfe und Unterstützung, Rat und Angebote braucht. So bleibt gewähren auch gehalten. Die Mutter bildet das Gefäß, in dem sich das Kind erfahren und ausprobieren kann und bei aller Freiheit beschützt und begrenzt bleibt, so daß es sich nicht verlassen und verloren in einer noch zu weiten und bedrohlichen Welt erleben muß.

Die gute Mutter akzeptiert, daß sich ihr Kind ausprobieren will und sich von ihr entfernen muß. Sie spürt gut den Raum, den das Kind braucht und erweitern will und wann Begrenzung zur Stabilisierung notwendig ist.

Die wichtige Aufgabe der Mutter ist, ein sicherer Hafen für das Kind zu sein. Sie gibt dem Kind die Gewißheit, daß sie da ist, immer wenn sie gebraucht wird, daß das Kind jederzeit kommen und bei ihr ankern kann. Und zugleich verkörpert sie die Selbstverständlichkeit, daß das Kind seine eigenen Wege gehen muß. Sie sollte nicht widerwillig und angstvoll freilassen, sondern mit der gefühlten Freude, die sie selbst in ihrer Entwicklung, Ablösung und eigenen Identität erfahren hat oder gerne erlebt haben möchte. Zum Gewähren gehören Einfühlen und Verstehen. Die einfühlende und verstehende

Mutter spiegelt ihr Kind. Durch seine Mutter, aus ihren Reaktionen lernt das Kind, sich zu verstehen. Die Mutter übersetzt noch dumpfes Empfinden in Gefühle, Bilder und Worte; sie lehrt zu differenzieren. Aber wehe, wenn ihr Spiegel verzerrt, ihre dolmetschende Fähigkeiten beschränkt sind, dann kann sich ihr Kind nicht mehr in ihr erkennen und wird sich selbst verlieren. Bei einer guten Mutter kann ein Kind nichts richtig oder falsch machen. Alles, was das Kind tut, hat Bedeutung und macht Sinn, der erschlossen und verstanden werden kann. Was für eine Kindheit müßte das sein, die nicht durch Belehrung, Nötigung, Unterdrückung und Einengung, sondern durch Empathie und Verständnis geprägt wird. Ein böses Kind kann es nicht geben. Aber ein vergiftetes und in chronischem Mangel lebendes Kind wird mit Recht «böse», um auf seine Not aufmerksam zu machen. Wenn Eltern auf das Verhalten ihrer Kinder genervt reagieren, ist das ein Symptom ihrer Begrenzungen und Behinderungen – dann brauchen die Eltern Hilfe, oder sie werden von Kindern genervt, die damit ein ihnen zugefügtes Leid signalisieren, das *verstanden* und nicht überhört oder gar bestraft werden sollte. Eine ganze Armada von Helfern ist in unserer Gesellschaft angeheuert, um den Aufschrei gequälter Kinder durch Erziehung, Beratung, Behandlung, Moralvorschriften, Ängstigung und Strafen zu beschwichtigen und zum Schweigen zu bringen. Und wenn Kindern, ohne daß eine Erkrankung vorliegt, Beruhigungsmittel gegeben werden, dann sollten Ärzte wegen Körperverletzung und Seelentötung angeklagt werden. Wenn Kinder aber in ihrer Not verstanden werden, finden sie darin zumindest eine emotionale Entspannung, und es entsteht eine Grundlage, über Verhältnisse und Situationen nachzudenken, die Kinderseelen traumatisieren, um allmählich zu besseren Bedingungen zu finden. Kinder sollten verstanden werden und nicht verstehen müssen.

Zum Gewähren gehört auch Vergeben. Vergeben geschieht nicht aus Angst und Schwäche und natürlich nicht aus Desinteresse und Gleichgültigkeit. Vergeben ist nur nach Verstehen und emotionaler Verarbeitung von Schuld denkbar und auch nur so wirklich wirksam. Welchen Sinn macht ein Fehler, welche Bedeutung hat Fehlverhalten? Die Antworten darauf lassen reifen und klären die Konflikte. Vergebung entsteht aus einem aktiven, mühevollen Weg der Beziehungsklärung. Dazu muß eine Mutter präsent sein, den Mut besitzen, sich bittere Wahrheiten sagen zu lassen, und die Kraft haben, die Gefühle der Not in sich einzulassen. Indem sie annimmt und versteht, vergibt sie auch.

Das Wesen guter Mütterlichkeit, die unsere Welt verändern könnte, liegt wohl darin, ob sich Kinder als gewollt, willkommen, gemeint und verstanden und in ihrer individuellen Einmaligkeit akzeptiert und gefördert erfahren dürfen. Dazu gehören natürlich auch Schutz, Sicherheit und Geborgenheit als der psychosoziale Raum, der die Angst mildert und damit Entwicklung befördert. Wir sollten unser Wissen über gute Mütterlichkeit vermehren, aber man kann diese nicht einfach herstellen aus einem guten Vorsatz heraus. Es geht um die Qualität des Mutter-Seins. Und die läßt sich nicht machen, sondern kann nur freigelassen und entfaltet werden. Und dafür braucht eine Frau die gleichen Bedingungen an guter Mütterlichkeit, wie ich sie hier für das Kind beschreibe: Raum und Zeit und Schutz, um eigenen Muttermangel zu betrauern und sich von Muttervergiftung, von der damit verbundenen Angst und dem zwangsläufigen Haß zu befreien. Dann kann die eigene Mütterlichkeit sich entfalten oder wird durch vorhandene gute Mütterlichkeit entfaltet.

Das mütterliche Nähren ist die Kraft zu geben, die aus dem wirklichen Da-Sein erwächst. Das Sich-Öffnen für das Leben und die Lebendigkeit gibt Nährkraft. Dazu müssen die aufgenötigte Einschüchterung, die gesetzte Hemmung überwunden, das Defizit betrauert und die eigene Schuld beendet werden. Das ist therapeutische Arbeit.

Das Gebären in die Gesellschaft hinein, das ist die Lust an kreativer Gestaltungskraft, die Neues schafft, das dem Leben dient und lebendige Prozesse unterstützt und ausschmückt. Und kann man die Kinder gewähren lassen, ohne schützende Grenzen aufzulösen, dann wird auch der Andersdenkende und der Fremde eine gute Chance haben, akzeptiert und in seiner Verschiedenheit respektiert zu werden: Du bist nicht wie ich. Und wenn ich dich verstehe, dann bereicherst du mich!

Es ist sehr tragisch für den einzelnen, wenn er solche Annahme und Bestätigung nicht erfährt, und schlimm für eine Gesellschaft, wenn sie das Verständnis dafür nicht entwickelt und die Bedingungen für basale Mütterlichkeit nicht verbessert. Der einzelne wird krank, und eine Gesellschaft von Kranken gestaltet eine kollektive Form der Zerstörung: Im gemeinsamen destruktiven Rausch wird dann die frühe Ablehnung, politisch oder religiös bemäntelt, in Szene gesetzt, das schon längst vorhandene, individuell erfahrene vernichtende Urteil macht erst die Vernichtung anderer möglich. Ein Volk in Kriegsbegeisterung! Eine Bevölkerung in süchtiger Maßlosigkeit, in blinder Zerstörungswut der natürlichen Verhältnisse und Ressourcen. Wer nicht wirklich leben soll oder nicht lustvoll aufleben darf, der braucht schließlich Krieg und Zerstörung, um den frühen Fluch zu vollenden.

Für mehr und bessere Mütterlichkeit sind wir alle verantwortlich.

IX. Verständnis für Mütter

Mutter-Sein muß nicht nur als die wichtigste, sondern auch als die schwierigste aller menschlichen Aufgaben gewürdigt werden. Obwohl dieses Buch voll ist von dem Leid, das Mütter ihren Kindern antun, geht es nicht um Anklage, sondern um Aufdecken und Verstehen von Verhältnissen in unserer Gesellschaft, die sowohl für den einzelnen als auch für die Gemeinschaft schwerwiegende Folgen haben können. Ich will mit dem Blick auf «Mütterlichkeit» als eine für uns alle wichtige Haltung und soziale Praxis die einzelne Mutter entlasten und für ihre konkrete Funktion Verständnis und Ermutigung herstellen helfen. Ich kenne aus meiner therapeutischen Tätigkeit das quälende Schuldgefühl von Frauen, wenn sie erkennen, was sie ihren Kindern angetan haben oder ihnen schuldig geblieben sind. Ich weiß um den schweren Weg, wenn das Erinnern und Eröffnen der frühen Not mit der eigenen Mutter zu den Mütterlichkeitsstörungen führen, die sie nun schon selbst zu verantworten haben. Ich bin aber auch voller Hoffnung, daß das heilsame Erleiden und Durcharbeiten der eigenen Mutterstörungen eine großartige Chance eröffnet, die Not der eigenen Kinder besser zu verstehen, annehmen zu können und ehrlicher darauf zu reagieren.

Ich bin überzeugt davon, daß wohl die meisten Mütter nach bestem Wissen und Gewissen handeln, alles möglichst gut und richtig machen wollen, daß sie das Beste für ihre Kinder im Sinn haben, sich oft sehr anstrengen, bemühen, überfordern und erschöpfen – und doch gegen ihre Kinder handeln, ohne es zu wollen, ohne es je wahrzunehmen oder die gelegentlichen Anklagen ihrer Kinder wirklich begreifen zu können.

Daß ihre Mutter-Wirklichkeit anderen Gesetzen folgt, als sie glauben und wahrhaben möchten, daß unbewußte Motive und Einstellungen mehr Wirkung zeitigen als jedes noch so genau und gewissenhaft umgesetzte psychologische Wissen, bleibt in aller Regel ein unbekanntes, aber gefährliches Geheimnis. Über das Schicksal des Kindes entscheidet viel mehr die gelebte Beziehung als jede Form der Erziehung.

Mein Plädoyer für Mütter will also nicht nur die böse und defizitäre Mütterlichkeit anprangern, sondern auch das gedankenlose wie auch das bemühte Mutter-Sein kritisch befragen, vor allem aber auch ein tiefes Verständnis für die wirkliche Not vieler Frauen befördern, die sich für ihre Mutterexistenz aufrichtig engagieren.

Wenn Menschen auf den Grund ihres Unglücks vordringen, begegnen sie meist einer Erfahrung von Mütterlichkeit, die wegen ihrer Mangelhaftigkeit ruhelos Suchende aus ihnen gemacht hat und die ihres Mißbrauchs wegen ein Haß- und Aggressionspotential hinterlassen hat, mit dem sie sich allmählich selbst zerfleischen oder bei geeigneter Gelegenheit anderen auf tausenderlei Art zusetzen. Kaum einer, der das wahrhaben möchte und aushalten könnte – zu unerträglich ist diese Wahrheit –, und nicht nur, weil man die «gute» Mutter zum Überleben gebraucht hat, sondern auch deshalb, weil die meisten Mütter selbst nicht die geringste Ahnung von ihrem Tun oder Unterlassen haben. Wenn Frauen, aus ihrer lang herangereiften Verzweiflung genötigt, bis zu ihrer eigenen Mutter im Erinnern, Verstehen und Nachfühlen vorgedrungen sind, erfolgt in aller Regel als psychische Krise ein doppelter seelischer Absturz: der erste über die Wahrheit der eigenen Mutter und der zweite über die Wahrheit der eigenen Mutterschaft.

Gegen alle sich selbst geleisteten Schwüre, niemals der Mutter gleichen zu wollen, folgt die niederschmetternde Erkenntnis, nur auf andere Art und Weise und mit anderen Erklärungen die gleichen Fehler nun an den eigenen Kindern vollzogen zu haben. Der notwendigen, aber schließlich akzeptierten Erschütterung kann ein mutiges Aufbäumen folgen, daß das Mutter-Sein in seiner ganzen Last erfahrbar macht. Dann geht es nicht mehr um die Klagen von Müttern, die ihre Schwierigkeiten und Unfähigkeiten an ihre Kinder und Männer delegieren, sondern um die erlebte Einsicht in die eigenen Begrenzungen, die nun leidvoll angenommen werden können. Dann eröffnet sich auch die Lebenswelt einer Mutter, für deren Süße und Schwere wir nur ehrfurchtsvollen Respekt empfinden können. Anfangs geht es um das «Sich-24-Stunden-zur-Verfügung-Stellen», um die Bereitschaft permanenter Präsenz gegenüber einem grenzenlosen Gefordert-Werden. Eine solche Anforderung an Mütter ist nicht wirklich meßbar und berechenbar. Die ständige Herausforderung, verstehen zu müssen und zu wollen, was das Kind braucht, wie es zu befriedigen sei, was jetzt dran ist und wie das Leid der Begrenzungen gelten darf und mit dem Kind auszuhalten ist, überfordert praktisch jede Mutter. Diese Mütterlichkeitsanforderungen sollten angemessen sozial beschützt und unterstützt werden, damit sie auch gelebt werden können.

Der für das ganze Leben des Menschen entscheidende Machtkampf zwischen Mutter und Kind – wer bestimmt und wie über wen? –, das zu lernende Verhältnis zwischen Ich und Du und dem Dritten, das unaufhörliche Verhandeln zwischen Lust und Frust, das Mitschwingen mit der Freude des Kindes trotz vieler mütterlicher Sorgen und die Akzeptanz der kindlichen Empörung und der schreienden Enttäuschung, obwohl oder gerade weil die Mutter ihr Kind so gern hat, das fordert sie ohne Pause und ohne Ende. Nur die Mutter kann dem Kind für die ewige Diskrepanz zwischen Wunsch und Realität Brücken bauen, muß dazu selbst eine Brücke sein zwischen Leben und Tod, zwischen «Paradies» und «Hölle», im Feld der Pole also, in dem sich menschliches Leben ausspannt und abspielt. Daß frau für 2–3 Jahre ihr Leben überwiegend in den Dienst des Kindes stellt, daß sie die eigene Bedürftigkeit den Bedürfnissen des neuen, heranwachsenden Lebens unterzuordnen bereit ist, daß die Mutter lernt, sich von ihrem Kind führen zu lassen, ohne die eigene Verantwortung abzugeben, das sind Anforderungen, die einen hohen Grad an Selbstbestätigung und eine höchste Fähigkeit zur schmerzvollen Verarbeitung der eigenen erfahrenen Defizite erfordern. Ich sehe Mütter immer wieder in Krisen geraten, wenn das zu versorgende Baby so weit gediehen ist, daß es seine Mutter gezielter und bewußter fordert, es seine Erwartungen und Wünsche nachhaltiger zum Ausdruck bringen kann und sich mit den entwickelten Ich-Strukturen immer geschickter für die eigenen Belange einzusetzen lernt. Jetzt wird auch die Mutter zur Auseinandersetzung gefordert, sie muß auf ihre eigene strukturelle Sicherheit zurückgreifen können und intuitiv erfassen, was sie gewähren darf und was sie begrenzen muß. Ihr bleibt in diesen Phasen zunächst keine Zeit zum Nachdenken oder Überlegen, das Kind fordert sie jetzt und sofort und will eine angemessene Reaktion ohne Aufschub. Das Kind spürt die Qualität ihrer Reaktion, auch ohne diese bereits verstehen zu können, es spürt Ehrlichkeit oder Abwehr der Mutter, unabhängig von dem, was sie sagt. Glücklich die Kinder, deren Mütter in Wort, Gefühl und Handlung übereinstimmen. Sie erfahren klare Zustimmung oder Abweisung, sie können sich am «Ja» oder «Nein» eindeutig orientieren. Das Kind weiß instinktiv jede mütterliche Schwäche für sich zu nutzen und lernt jede Unklarheit der Mutter für das eigene Lustprinzip trickreich auszubeuten. Und es bezahlt in aller Regel einen hohen Preis dafür, nämlich die wachsende Überforderung und Enttäuschung der Mutter, ihre seelische Erschöpfung und ihre nagenden Schuldgefühle gegenüber dem Kind, was ihre Verunsicherung nur vermehrt.

So steht sie zwischen dem Unverständnis und einer mangelnden Unterstützung durch ihre Umwelt und den Bedürfnissen ihres Kindes, die im Falle mangelnder Erfüllung immer fordernder, quälender und süchtiger werden, so daß sie an ihrer Mutterschaft schließlich die Lust verliert und immer mehr verzweifelt.

So wie der Umgang mit Kranken, Behinderten und Alten die zivile Reife einer Gesellschaft spiegelt, so entscheiden der Umgang mit Kindern, die Würdigung der Mütterlichkeit und die soziale Unterstützung für Mütter über die Zukunft der Gesellschaft.

X. Die Bedeutung der Gefühle

Trotz des bisherigen beherzten Plädoyers für bessere Mütterlichkeit bin ich nicht so illusionär, nicht zu wissen, daß die individuelle und die soziale Realität zahlreiche Begrenzungen, Behinderungen und Einengungen für gute Mütterlichkeit bergen. Dennoch darf und muß ein Ideal benennbar sein und erstrebenswert bleiben, wenigstens als notwendiges Korrektiv für das reale Handeln und Fühlen. Das Lustprinzip menschlichen Lebens – Bedürfnisbefriedigung sofort und umfassend – wird auf ewig mit dem Realitätsprinzip, nur so viel Lust und Befriedigung, wie gerade möglich und erlaubt ist, in Konkurrenz liegen.

Wobei die Ansprüche des Nächsten und die sozialen Gegebenheiten eine natürliche Einschränkung bedeuten. Leider aber kann das Realitätsprinzip so abnorm werden, daß einem buchstäblich die Lust vergeht oder nur noch pervertiert in Erscheinung treten kann.

Gesellschaftliche Fehlentwicklungen aber werden nicht von einigen wenigen abnormen Persönlichkeiten der politischen Macht der Mehrheit einer vermeintlich gesünderen Bevölkerung aufgezwungen, sondern sie werden von Millionen Mitläufern ausgestaltet, die im Wiederholungszwang ihrer frühen Verhältnisse ein zwar unbewußtes, aber sonst höchst aktives Bedürfnis haben, immer wieder äußere Verhältnisse herzustellen, die ihren inneren Deformierungen entsprechen. Sie können dann stellvertretend an den nie ausreichenden «mütterlichen» Instanzen des gesellschaftlichen Systems nörgeln und leiden, diese auch leidenschaftlich bekämpfen – bei allem bleibt ihnen aber die Auseinandersetzung mit ihrer verborgenen seelischen Realität erspart. *Die Regierung, die Bürokratie, die Partei, die Kirche, die Verhältnisse* anzuklagen ist viel leichter, als die psychische Enttäuschung gegenüber der Mutter wahrzunehmen und zu erleiden. Die

190

Hoffnung auf Versorgungssysteme der Gesellschaft, die Medizin mit einem Allmachtsmythos auszustatten und in einer Religion Erlösungserwartungen zu nähren, das alles gehört zu den irrationalen Folgen unerfüllter früher Bedürftigkeit. Eine Welt, die das Rationale über das Emotionale, das Machen über das Lassen, den Kampf über die Verbundenheit, das permanente Wachstum über den Zyklus und das Geld über menschliche Bedürfnisse stellt, muß die Gefühle verachten, kontrollieren und in Ersatzgefühle umwandeln.

Die menschlichen Grundgefühle – Wut, Schmerz, Trauer und Freude – haben zwei große Funktionen. Mit seinen Gefühlen kommuniziert der Mensch seine Befindlichkeit, er signalisiert anderen Menschen seinen Zustand mit der Hoffnung und Erwartung, daß ihm Abhilfe oder Anteilnahme widerfährt. Das präverbale Kind hat gar keine andere Möglichkeit als über Weinen, Schreien, Strampeln, Erbrechen, Lachen, Strahlen seinen Zustand mitzuteilen. Es erwartet, daß es erhört und daß verstanden wird, was es braucht: Komm, hilf mir, gib mir, was ich brauche, kümmere dich um mich, vernachlässige und verlasse mich nicht, verletze und kränke mich nicht, gib mir Kontakt, wärme und schütze mich, gib mir Sicherheit und Trost, begrüße meine Neugier, teile meine Freude, schenke mir Aufmerksamkeit, bestätige mich und mein Erleben, gib mir Anregung und Energie, laß mich teilhaben und gib mir Widerstand.

Ich zähle diese Wünsche und Bedürfnisse so zahlreich auf, um deutlich zu machen, wie vielgestaltig das Schreien und Weinen und Lachen ist, das die Mutter angemessen erkennen, übersetzen und beantworten müßte. Dazu aber ist sie nur in der Lage, wenn sie zu allen möglichen Befindlichkeiten in sich selbst Zugang hat, d. h. aus eigener Erfahrung einfühlen kann, was das Kind zum Ausdruck bringt. Damit sind der Erlebnisreichtum, die Bedürfnisvielfalt und Gefühlsoffenheit der Mutter gefragt. Alles, was sie selbst nicht erleben durfte, was ihr versagt blieb, tabuisiert und verboten wurde, wird sie auch bei ihrem Kind nicht erkennen können und dürfen. Ihr Übersehen, Nicht-Verstehen, Nicht-Reagieren läßt das Kind allein, es kommt nicht in Kontakt zu sich selbst, weil die Mutter als Erkennende und Bejahende ausfällt, weil ihre Antwort ausbleibt, durch die der Gefühlsausdruck des Kindes erst seinen Zweck erfüllen würde. Der Mensch lernt fühlen, wie er sprechen lernt, er braucht dazu die differenzierte Reaktion und Identifikation seiner Umwelt, in erster Linie seiner Mutter. Gefühle haben für uns Menschen aber noch eine zweite wesentliche Funktion: Sie führen Spannungen ab. Immer dann, wenn anstehende Bedürfnisse nicht befriedigt werden, also Unlust verbleibt, kann der Gefühlsausdruck wenigstens Entlastung und Erleichterung verschaffen. Die körperpsychotherapeutischen Erfahrungen haben uns gelehrt, daß ein Gefühlsausdruck den ganzen Körper umfassen kann und für eine wirksame Entlastungsfunktion auch ganzkörperlich möglich sein sollte.

Wir könnten uns dafür engagieren, daß es eine Gefühlskunde, eine Gefühlsschulung als Schulfach gäbe. Wir müssen dafür sorgen, daß das Emotionale nicht als Schwäche und Versagen diskriminiert wird, daß Gefühle nicht der darstellenden Kunst oder gar nur der «hysterischen» Frau überlassen bleiben. Die gemachten, unechten und übertriebenen Gefühle bewirken nichts Gutes und erreichen niemanden wirklich, sie können sogar abstoßend wirken und Widerwillen erregen. Dagegen sind echte Gefühle ansteckend, sie reißen mit und werden deshalb von allen gefühlsblockierten Menschen auch gefürchtet, abgewehrt und verachtet.
Jede Mutter sollte, bevor sie schwanger wird, eine «Gefühlsschule» besuchen können als wichtigste Vorbereitung auf eine spätere Mutterschaft – und dies kann nur eine Auseinandersetzung mit den eigenen möglichen oder verklemmten und abgespaltenen Gefühlen sein.

Das wichtigste Ergebnis einer solchen «Gefühlsschule» sollte die zu gewinnende Einstellung und Fähigkeit einer Mutter sein, ihrem Kind wenigstens Gefühle zu erlauben und, soweit möglich, diese auch zu verstehen und angemessen zu beantworten. Der häufigste Fehler, der wohl gemacht wird, ist das Bemühen der Erwachsenen, weinende und schreiende Kinder so schnell wie möglich zu beruhigen und zu trösten, was ihnen ihre Sprache nimmt und sie der seelischen Verarbeitung ihrer Not beraubt. Nur sehr selten kann man sehen, daß eine Mutter ihr fühlendes Kind nur hält und beschützt, den Gefühlsausdruck akzeptiert, ohne das Kind durch Beruhigungsversuche einengen zu wollen. Wir kennen alle solche Tröstungsversuche, die an der kindlichen Realität letztlich vorbeigehen (Das ist doch nicht so schlimm! Das wird schon wieder, ist doch nichts passiert! Das tut doch gar nicht weh! Hier hast du ein Bonbon. Schrei doch nicht so rum! Was sollen denn die Leute denken. Schäm dich! Beherrsch dich doch!).

Als der kleine 8jährige Johannes vom Zahnarzt angeherrscht wurde, er möge endlich ruhig sitzen bleiben und nicht so weinen, wehrte sich der Junge handgreiflich gegen den Bohrer des Zahnarztes. Dieser forderte die Mutter auf, den Jungen doch endlich festzuhalten, damit er seine Arbeit tun könne. Johannes' Mutter aber respektierte seinen Schmerz und seine Abwehr und bot ihm an, sich bei ihr festzuhalten. Sie gab ihm verständnisvollen Halt, statt seine Not durch Festhalten noch zu verstärken.

Daß eine Mutter sagen würde: «Ja, das tut weh. Das ist ungerecht. Du bist zu Recht traurig. Du hast guten Grund zur Wut» und dann auch noch für eine solche Einstellung Verständnis in ihrer Umgebung finden würde, gehört bestimmt nicht zum Selbstverständnis in unserem Kulturkreis.

Aber gerade die Einschränkungen unserer Alltagskultur, unter denen heute Eltern, besonders die Mütter, zu leiden haben und die zwangsläufig seelische Verletzungen bei ihren Kindern bewirken, können und sollten durch eine größtmögliche Freiheit zum Gefühlsausdruck abgemildert werden. Zugegeben, auch das soll gesagt sein, Kinder können auf ihre ganz normale Art sehr anstrengend und belastend sein und die Welt des Erwachsenen erheblich stören, so daß Konflikte unvermeidbar sind. Aber die Auseinandersetzung um unterschiedliche Bedürfnisse und Meinungen ist entwicklungsfördernd für alle Beteiligten, vorausgesetzt, alle Empörung, die Trauer und der Schmerz können zugelassen werden. Wir Menschen haben keine Wahl, zu fühlen oder nicht zu fühlen. Gefühle sind die natürlichen und unvermeidbaren Ausdrucksformen lebendiger menschlicher Prozesse. Wir können unsere Gefühle nur zurückhalten, kontrollieren und unterdrücken oder sie freilassen. Zur Gesundheit und sozialen Reife gehört die Fähigkeit zu beidem: zur Kontrolle und zum Loslassen und auch die Entscheidungsfähigkeit für das eine oder das andere. Jeder Mensch kann sich jederzeit fragen, wie er sich gerade fühlt und was er fühlt. Es gibt immer eine Antwort darauf, wir sind nur nicht genug geschult darin. Gefühlsbeherrschung gilt tragischerweise als besonders tapfer und stark – und ist genau das Gegenteil: Es ist das Symptom der seelischen Schwäche, eines gestörten Selbstbewußtseins, weil der Mut und die Kraft zum Fühlen der Wahrheit verlorengegangen sind. Das Unangenehme, das Peinliche, Beschämende und Schmerzliche soll von der Wahrnehmung ausgeschlossen bleiben; damit wird der Mensch zum Gefangenen eines falschen Stärkekults, er läßt sich von außen festlegen, wie er zu sein hat, ohne Rücksicht auf seine wirkliche Befindlichkeit. Wer sich aber nicht mehr gut selbst wahrnehmen kann, wird abhängig von äußerer Führung und Beratung, wird zum Spielball aller möglichen Suggestionen und zum Opfer fremder Interessen.

XI. Die Integration von Lilith

Bis heute ist «Lilith» in unserem christlichen Kultur-kreis aus der Verbannung oder Emigration noch nicht zu-rückgekehrt. Sie lebt fragmentiert unter uns und wird selbst noch in ihren Teilaspekten heftig bekämpft, tabuisiert oder bleibt umstritten. In der Prostitution blüht «Liliths» sexuelle Attraktivität, in der Emanze kämpft «Lilith» um ihre Gleich-wertigkeit, und in der Karrierefrau wird die Kinderlosigkeit akzeptabel. Die Integration dieser Teilaspekte verpönter oder unterdrückter Weiblichkeit als zu jeder Frau gehörig steht noch aus, wird aber zwingend, um eine bessere Müt-terlichkeit zu erreichen.

Mit der Integration der Lilith-Aspekte des Weiblichen kön-nen wesentliche Ursachen für die Entstehung von Mütter-lichkeitsstörungen vermieden werden. Es geht dabei im we-sentlichen um die Befreiung der psychosozialen Fähigkeiten und Einstellungen, die im Lilith-Komplex gebunden und tabuisiert sind,

1. um das Selbstbewußtsein, dem Manne ebenbür-tig und gleichwertig zu sein, ohne die Verschie-denheiten verleugnen zu müssen

Eine Mutter mit einem solchen Selbstwert vermittelt auch ihrem Kind respektvolle Wertschätzung. Die Lilith-in-tegrierte Mutter bestätigt das Leben ihres Kindes, würdigt seine Einmaligkeit und akzeptiert das Geschlecht des Kin-des. Auf diese Weise werden der Junge oder das Mädchen narzißtisch gesättigt und in der Identität stabilisiert. Ohne diese mütterliche Bestätigung bleibt das Kind ein Leben lang bedürftig. Ein wesentlicher Antrieb vielfachen Bemü-hens um besondere Schönheit, großartige Leistung oder mächtigen Einfluß verdankt seine Energie dem letztlich hoffnungslosen Unterfangen, sich später selbst Wert geben zu wollen, wenn die eigene Mutter darin früher versagt hat. Das aber gelingt nie wirklich. Die Leistungen, die dann erbracht werden, stehen im Dienste der äußeren Anerkennung und können doch nie den prinzipiellen Selbstwert-Zweifel endgültig ausräumen. Man gewinnt vielleicht Goldmedaillen und Preise und genießt sonstige Formen sozialen Aufstiegs, aber niemals die Gewißheit, wirklich geliebt zu sein. Bei Mutterdefiziten bleibt die Ur-Bestätigung mangelhaft, die auch später durch keinen äußeren Erfolg je befriedigt werden könnte. Nur die durch die Mutter vermittelte Überzeugung des eigenen Wertes schützt vor einem süchtigen Antrieb und hilft über alle möglichen späteren Kränkungen und Demütigungen hinweg.

2. um die sexuell aktiv-lustvolle Position

Es geht um die Fähigkeit der Frau, sich selbst Lust verschaffen zu können durch die Fähigkeit loszulassen, Energie strömen zu lassen und zum Ausdruck zu bringen. Lustvolle Masturbation ist ein wesentlicher Lernschritt, für sich selbst gut sorgen zu können, die Verantwortung für den Orgasmus bei sich zu behalten und nicht den Partner damit zu belasten. Ein Partner kann durch seine eigene Lustwelle «ansteckend» werden, durch hilfreiche Praktiken die Erregung steigern und durch liebevolle Zuwendung das Loslassen erleichtern helfen. Ein Partner kann mitreißen, entscheidend bleibt aber die Fähigkeit zur eigenen lustvollen Hingabe an die Orgasmuswelle. Die Verantwortung für ihr Sexualleben, für die Wege zur Lust und die Abstimmung mit dem Partner bleibt bei der Frau, sofern sie «Lilith» integriert. Die selbständige Lustfähigkeit ist ein wesentlicher Autonomieschritt aus früher Abhängigkeit. Nicht mehr vom Partner wird die Befriedigung erwartet, sondern mit ihm kann eine Erweiterung und Vertiefung des Lusterlebens erreicht werden.

3. um die Ablehnung der Mutterschaft, weil sie eine Behinderung der eigenen Entwicklung und Unabhängigkeit bedeutet

Dieser kinderfeindliche Anteil entsteht aus der zwangsläufigen Überforderung einer jeden Mutter, die im Grunde genommen rund um die Uhr für ihr Kind präsent sein muß, die das Verlangen des Kindes erspüren und möglichst optimal befriedigen sollte und dabei gezwungen wird, eigene Bedürfnisse und Interessen zwangsläufig zu vernachlässigen. Deshalb sind ablehnende, aggressive Gefühle gegen das Kind normal und Erfahrungen von Überforderung, Hilflosigkeit, Verzweiflung unvermeidbar.

Der Lilith-Anteil würdigt die körperliche, emotionale und soziale Überforderung der Mutter, ihr Recht auf Entlastung und Unterstützung, ihr Recht auf «Auszeiten» in der Kinderpflege und ihr selbstverständliches Recht, nicht ausschließlich Mutter zu sein, sondern auch weiterhin Frau, Partnerin und egoistischer Mensch zu bleiben.

Erworbener Selbstwertmangel und unvermeidliche Kinderfeindlichkeit sind schmerzliche und bittere Erkenntnisse, und die Eigenverantwortung für sexuelle Lust kann mühevolle Arbeit bedeuten. Die Integration von «Lilith», die Überwindung des Lilith-Komplexes bedarf der mutigen Erkenntnis, der belastenden emotionalen Verarbeitung und einer Anstrengungsbereitschaft, gut für sich selbst sorgen zu lernen.

Im Ergebnis dieser Mühen kann die Lilith-integrierte Frau die Grenze ihrer Mütterlichkeit akzeptieren, sie kann seelischen Schmerz aushalten und Verantwortung tragen. So ist auf jeden Fall «Muttervergiftung» zu vermeiden. «Muttermangel» dagegen bleibt eine unüberwindbare, wenn auch verminderbare Realität, deren Folgen durch Ehrlichkeit und Offenheit gegenüber dem Kind und durch die Akzeptanz und Annahme des kindlichen Leides wesentlich gemildert werden können. So müssen wir auch nicht dem

Wunschtraum nach einer idealen Mutter verfallen und einem Phantom hilflos, aber leiderzeugend nachlaufen, vielmehr können wir mit der Integration von «Lilith» befriedigende Partnerschaft, lustvolle Sexualität und menschliche Mütterlichkeit zumindest hin und wieder und manchmal sicher auch mehr davon erreichen.

Wenn Frauen im Ringen um ihren Lilith-Anteil Aspekte falscher Mütterlichkeit bei sich entdecken und zurückziehen, kommen ihre Partner und Kinder in aller Regel in eine schwere Krise. Die bisher von ihr verlangte «Mutterbedienung» verliert ihre Bedeutung, genau darauf aber hatten die Kinder ihr Verhältnis zur Mutter aufgebaut. Alles, was sie lernen mußten, um die Mutter gnädig zu stimmen und «glücklich» zu machen, hat nun keinen Zahlungswert mehr. Sie geraten in Panik, weil am Bemühen um die Mutter ehemals die Existenzberechtigung gebunden worden war: «Ich ‹liebe› dich nur, wenn ...» oder: «Wenn du das machst, freue ich mich, aber wenn du jenes tust, dann bist du für mich gestorben!» Mit Mutters seelischer Veränderung wachsen die Chancen für einen ehrlicheren Kontakt und wahrhaftigere Beziehungen, die Kinder und Partner zunächst zwangsläufig verunsichern. Das Kind braucht dann verständnisvolle Begleitung, Akzeptanz seiner Gefühle und Unterstützung beim Einüben freierer Beziehungsformen. Der Partner muß sein Frauen- und Mutterbild korrigieren, und das kann er nur, wenn er seine eigenen Mutterstörungen erfassen und verarbeiten, seine Angst vor «Lilith» überwinden kann. Daran wird deutlich, daß das Ringen um eine bessere Mütterlichkeit nicht Aufgabe allein der Frauen wäre, sondern ebenso der Männer. Mehr Mütterlichkeit in der Gesellschaft geht uns eben alle an und ist kein Problem nur eines Geschlechtes. Psychosoziale Prävention ist die wichtigste und effektivste Investition in die Zukunft. Dazu gehört, auf Mutterschaft, Vaterschaft und Elternschaft gut vorbereitet zu sein, auf natürliche und sanfte Weise entbinden zu können, Mutter und Kind nicht ohne schwerwiegenden Grund

198

in den ersten drei Lebensjahren zu trennen, Kindern Beziehung und nicht Erziehung anzubieten, in den Schulen und der Erwachsenenqualifizierung Gefühls- und Beziehungskunde, Partnerschaft und Sexualität zu lehren.

Über allem aber sollte die Bedeutung der Mütterlichkeit und damit die Frage des zwischenmenschlichen Umgangs miteinander im Mittelpunkt stehen. Die Orientierung an den Bedürfnissen der Kinder würde unsere Kultur revolutionär verändern und die Politik der alten Männer, denen nur noch die Macht geblieben ist, endlich ablösen durch eine «mütterliche» Politik des Verstehens. Die demokratische Macht der Mehrheiten, die eben auch zu einer massenpsychologischen Herrschaft der Entfremdeten – der Bedürftigen, Gekränkten, seelisch Verletzten – werden kann, könnte sich weiterentwickeln zu einer Kultur, in der Gegenstimmen nicht mehr widerlegt und bekämpft, sondern verstanden und Minderheiten nicht mehr ausgegrenzt, sondern als Träger des Unbewußten integriert werden.

Mütterlichkeit würde auch die destruktiven Kräfte des Marktes begrenzen helfen: Nicht mehr allein der Stärkste würde sich durchsetzen, sondern auch in der Schwäche würde ein entspannender Wert erkannt werden können. Jeder wäre nicht mehr allein seines Glückes Schmied, sondern dürfte auch aus Verbundenheit Kraft schöpfen. Die Welt würde nicht mehr in bessere und schlechtere Menschen geteilt werden, sondern das Gute und das Böse könnte jeder wagen, in sich selbst zu entdecken, und in seinen psychosozialen Zusammenhängen verstehen lernen.
Dem globalen Ausgeliefertsein, dem begrenzten Einfluß auf politische Macht, der unauflösbaren Abhängigkeit von Bedingungen der Natur und der sozialen Verhältnisse setze ich die Freiheit und Verantwortlichkeit des Individuums entgegen, dem eigenen und fremden Elend «mütterlich» zu antworten, was durch persönliche Begegnungen, durch Zuhö-

ren, durch Einfühlen und Verstehen-Wollen und durch zu-
gelassenen Gefühlsausdruck gewährleistet werden kann.
Jeder «mütterliche» Akt verbessert die bestehenden Verhältnisse und lindert das Elend der Welt.

XII. Literatur

Brandwein-Stürmer, Dorit: Die Archäologie der Seele, in: Welt am Sonntag, Nr. 18 v. 30. April 2000, S. 33–34.

Dornes, Martin: Der kompetente Säugling. Die präverbale Entwicklung des Menschen. S. Fischer Taschenbuch Verlag: Frankfurt/Main 1993 (9. Aufl. 1998).

Dornes, Martin: Die frühe Kindheit, Entwicklungspsychologie der frühen Lebensjahrzehnte. S. Fischer Taschenbuch Verlag: Frankfurt/Main 1997 (2. Aufl. 1998).

Freud, Sigmund: Studienausgabe, Bd. V: Sexualleben. S. Fischer Verlag: Frankfurt/Main 1972.

Hurwitz, Siegmund: Lilith. Daimon-Verlag: Einsiedeln 4. Aufl. 1998.

Koltur, Barbara: Lilith. Verlag Rita Ruther: Berlin 1994.

Maaz, Hans-Joachim: Der Gefühlsstau – ein Psychogramm der DDR. Argon-Verlag, Berlin 1990.

Maaz, Hans-Joachim: Das gestürzte Volk – die unglückliche Einheit. Argon-Verlag, Berlin 1992.

Maaz, Hans-Joachim: Die politische Wende in der DDR und der deutsche Vereinigungsprozeß als Trauma und Konflikt in: Trauma und Konflikt, Psychosozial-Verlag: Gießen 1998.

Pielow, Dorothee: Lilith und ihre Schwestern. Grupello-Verlag: Düsseldorf 1998.

Reich, Wilhelm: Die Entdeckung des Orgasmus. I – Die Funktion des Orgasmus, S. Fischer Taschenbuch Verlag, Frankfurt/Main 1972.

Stern, Daniel N.: The Motherhood Constellation: A Unified View of Parent-Infant Psychotherapy. Basic Books, New York 1995.

Zingsem, Vera: Lilith, Adams erste Frau. Verlag Klöpfer und Meyer: München 1999.

Aus dem Verlagsprogramm

Frauen, Familie und Gesellschaft in der Beck'schen Reihe

Elisabeth Beck-Gernsheim
Die Kinderfrage
Frauen zwischen Kinderwunsch und Unabhängigkeit
3., durchgesehene und erweiterte Auflage. 1997
205 Seiten. Paperback
Beck'sche Reihe Band 362

Alberto Eiguer
Ganz gewöhnliche Scheusale und wie man sie erkennt
Kleine Galerie moralischer Perversionen
Aus dem Französischen von Grete Osterwald
2002. 110 Seiten. Paperback
Beck'sche Reihe Band 1454

Georg Felser
Bin ich so, wie du mich siehst
Die Psychologie der Partnerwahrnehmung
1999. 179 Seiten mit 4 Abbildungen und 1 Tabelle. Paperback
Beck'sche Reihe Band 1334

Ute Frevert
«Mann und Weib, und Weib und Mann»
Geschlechter-Differenzen in der Moderne
1995. 255 Seiten. Paperback
Beck'sche Reihe Band 1100

Jean Liedloff
Auf der Suche nach dem verlorenen Glück
Gegen die Zerstörung unserer Glücksfähigkeit in der frühen Kindheit
Aus dem Englischen von Eva Schlottmann und Rainer Taeni
416.–425. Tsd. 2001. 221 Seiten. Paperback
Beck'sche Reihe Band 224

Michael Mitterauer/Reinhard Sieder
Vom Patriarchat zur Partnerschaft
Zum Strukturwandel der Familie
4. Auflage. 1991. 236 Seiten. Paperback
Beck'sche Reihe Band 158

Verlag C.H. Beck

Frauen, Familie und Gesellschaft in der Beck'schen Reihe

Michael Odent
Geburt und Stillen
Über die Natur elementarer Erfahrungen
Aus dem Englischen von Vivian Weigert
2., unveränderte Auflage. 2002. 152 Seiten. Paperback
Beck'sche Reihe Band 1028

Julia Onken
Vatermänner
Ein Bericht über die Vater-Tochter-Beziehung
und ihren Einfluß auf die Partnerschaft
126.–135. Tsd. 2001. 205 Seiten. Paperback
Beck'sche Reihe Band 1037

Moritz Rainer
Das FrauenMänner-UnterscheidungsBuch
1999. 147 Seiten. Paperback
Beck'sche Reihe Band 1314

Dirk Revenstorf
Wenn das Glück zum Unglück wird
Psychologie der Paarbeziehung
1999. 160 Seiten mit 7 Abbildungen und 9 Tabellen
Paperback
Beck'sche Reihe Band 1333

Herrad Schenk (Hrsg.)
Frauen und Sexualität
Ein historisches Lesebuch
1995. 306 Seiten mit 10 Abbildungen. Paperback
Beck'sche Reihe Band 1124

Walter Toman
Familienkonstellationen
Ihr Einfluß auf den Menschen
6., durchgesehene Auflage. 1996. 271 Seiten. Paperback
Beck'sche Reihe Band 112

Verlag C.H.Beck